W0343850

Angelika Wolk-Gerche

Wir bauen jetzt ein Haus

Angelika Wolk-Gerche

Wir bauen jetzt ein Haus

Ein Werk- und Spielbuch
für drinnen und draußen

Verlag Freies Geistesleben

Dank für ihre Mithilfe an:
Christian, Clemens, Constantin, Corinna, Daniele,
Felix, Helena, Katharina, Linda und Lukas

ISBN 3-7725-1634-3

1. Auflage 1997, Verlag Freies Geistesleben, Landhausstr. 82, 70190 Stuttgart
© 1997 Verlag Freies Geistesleben & Urachhaus GmbH, Stuttgart
Aquarelle, Zeichnungen, Skizzen: Angelika Wolk-Gerche
Fotos: Wolpert & Strehle, Fotodesign, Stuttgart
Dieter Wolk, 73650 Winterbach, Abb. 3, 6, 7, 12, 22, 24, 25, 26, 27, 56, 59, 61, 62, 65-74, 77, 82-86, 92, 93, 101, 105
Dorothea Ensel, 73650 Winterbach, Abb. 14, 53, 54, 55
Einband: Walter Schneider
Druck: Offizin Chr. Scheufele, Stuttgart

Inhalt

1. Einleitung

Zu den Lieblingsspielen fast aller Kinder gehört es, Höhlen, Häuschen, Buden und Verstecke zu bauen.
So mancher Erwachsene erinnert sich noch daran, wie er als Kind unter einem Tisch, der mit Tüchern verhangen war, die unglaublichsten Abenteuer erlebt hat, oder daß ein verbeulter großer Karton, mit einem schief hineingeschnittenen Fenster wochenlang das schönste Spielzeug war.
Im Zuge der Fertig-Spielzeuge, die immer perfekter werden, verlernen es die Kinder und auch die Erwachsenen immer mehr, ihre eigene Fantasie und Fingerfertigkeit einzusetzen und zu erproben. Dabei können die Hände doch viel mehr als Tasten betätigen und Kunststoffteile aneinanderfügen. Auch die Fantasiekräfte verkümmern mit der Zeit, wenn sie immer nur in vorgegebene Bahnen gezwängt werden.

Aus Lehm, Natursteinen, Weidenruten, Gras nach den eigenen Vorstellungen etwas Sinnvolles zu gestalten, in diesem Fall Häuser, mit denen man richtig spielen kann, ist in mehrfacher Hinsicht eine große Befriedigung. Einmal lernt man die Möglichkeiten kennen, die in den unterschiedlichen Werkstoffen stecken; das allein kann schon sehr spannend sein. Zum anderen gewinnt man Vertrauen zu der eigenen Schaffenskraft; und an den Naturmaterialien, die ja »authentische» Stoffe sind, erwachen die Sinne.

«Wir bauen jetzt ein Haus» – der Titel verrät es schon: Manche der Spielhäuschen kann man aus dem herstellen, das man ohnehin im Haus und in der Werkstatt hat oder beim Spazierengehen in der Natur findet. Die Kunst besteht ja auch darin, mit dem auszukommen was gerade zur Verfügung steht. Dann kann gleich zur Tat geschritten werden! So verwandelt sich ein bis dahin grauer und langweiliger Tag vielleicht doch noch in ein Abenteuer!
Alle, die gern «werkeln», Kinder und Erwachsene, finden hier Anregungen für das ganze Jahr. Aber da das Bauen ja nicht Selbstzweck bleiben soll, gibt es auch Vorschläge für Beschäftigungen rund ums Häuschen.
Viele der in diesem Buch abgebildeten Modelle sind von Kindern oder mit Kindern hergestellt worden und erheben nicht den Anspruch perfekt zu sein. Manchmal wurde dabei «Lehrgeld» bezahlt. Diese Fehler – denn aus Fehlern lernt man bekanntlich – wurden deshalb im Text nicht verschwiegen.
Wer nun beim Durchblättern Lust bekommt und gleich die Ärmel hochkrempelt, dem wünschen wir viele Stunden der Freude.

2. Häuser aus aller Welt

Auf einer «Reise um die Welt» machen wir hier und da Rast und schauen – als unsichtbare, wohlwollende Gäste – einmal in die Lebensräume fremder Menschen hinein. Wir lernen ungewöhnliche Häuser und Wohnstätten in unbekannten Landschaften kennen. Uns begegnen Menschen anderer Hautfarben, mit anderen Sitten und Gebräuchen.

Wenn wir einmal versuchen, ein Haus aus einer anderen Kultur im Kleinen nachzubauen, sollten wir dabei auch die Baustoffe verwenden, die den Menschen dort zur Verfügung stehen. Vielleicht gelingt es, uns in ihre Welt ein wenig hineinzufühlen und das heiße, feuchte oder eisige Klima ihrer Lebensräume zu spüren. Wir staunen, wie einfallsreich sie ihre Häuser den geografischen Gegebenheiten angepaßt und ihren religiösen Vorstellungen entsprechend gestaltet haben, mit oft einfachen Materialien, die in der nächsten Umgebung zu finden waren. So hatten z.B. die Menschen am Rande der Wüste Kewir in Persien nichts als Lehm. Daraus bauten sie ihre schönen Kuppelhäuser.

Das Interesse, das bei den Kindern durch das Tun erwacht, kann durch Vorlesen von Geschichten und Sprichworten aus dem jeweiligen Land vertieft werden, durch Kennenlernen der Spiele der Kinder dort, Zubereiten einer typischen Mahlzeit oder Herstellen eines charakteristischen Kleidungsstückes oder Gebrauchsgegenstandes (siehe Literaturempfehlungen im Anhang).

Dann erleben wir mit den Kindern etwas Wunderbares: Das Fremde ist nicht länger fremd, es werden sogar Gemeinsamkeiten entdeckt und Gebräuche besser verstanden.

Die Beispiele in diesem Buch sind als Anregung gedacht und wollen keine detail- und maßstabsgetreuen Modelle der Originale sein. Sie sind vielmehr als *Nachempfindungen* zu betrachten. Einige Wohnstätten, wie z.B. das Tipi oder das Tuareg-Zelt kann man nach den Beschreibungen soweit vergrößern, daß mehrere Kinder darin Platz finden. Die Gerüststangen werden dann ins Erdreich gesteckt. Vielleicht gibt es sogar die Möglichkeit eine Feuerstelle zu errichten, um Kartoffeln zu rösten. Die Feuerstelle sollte der Erwachsene aber möglichst im Auge behalten.

Wer mit seinem Häuschen, sei es nun groß oder klein, draußen spielt, findet dort allerhand um eine Landschaft darum herum zu gestalten. Holz, Moos, Sand und Steine, alles ist zu gebrauchen. Zum fantasievollen Spielen mit den kleinen Häuschen gehören dann Spielfiguren dazu: Tiere, Puppen, Bäumchen und dergleichen. Die eine oder andere passende Figur ist sicher schon vorhanden, aber es gibt in diesem Buch auch Vorschläge zur Herstellung einfacher Spielfiguren aus Knetwachs, Filz und anderen Materialien.

Wird im Haus gespielt, gestaltet man die Landschaften aus großen einfarbigen Tüchern (z.B. ausgediente Bettlaken, in der Waschmaschine ocker, grün und braun färben). Steine, Wurzeln, trockene Zweige und echte Grünpflanzen vervollständigen eine stimmungsvolle Spiellandschaft, wie einige der Fotos zeigen. Das Schöne daran ist, daß man immer wieder umbauen und ergänzen kann. Kleinere Kinder bewegen sich sehr gern in einem solchen «Reich». Sie laufen

Abb. 1:
Kuppelhäuser aus Lehmziegeln
am Rande der Wüste Kewir (Persien).

z.B. über die grüne (Tuch)-Wiese, überqueren den «Bach»...
Ich habe es selbst erlebt, wie zwei 5-jährige Mädchen in ihrer selbstgebauten Fantasielandschaft mehrere Tage lang intensiv aufs Schönste spielten. Dabei hatten sie den gesamten Boden des Kinderzimmers «bebaut». Die Eltern waren verständnisvoll und bestanden nicht darauf, daß am Abend alles aufgeräumt sein mußte.
Ältere Kinder, die sich für den Modellbau interessieren, finden hier ebenfalls Anregungen. Das kann dann dazu führen, daß sie sich mit einer bestimmten Kultur eingehender befassen möchten. Durch Besuche von völkerkundlichen Ausstellungen, Freilicht-Bauernhausmuseen und durch Lesen entsprechender Bücher werden Informationen gesammelt. Am Ende steht dann vielleicht ein selbstkonstruiertes Modellhäuschen, das nicht aus vorgestanzten Teilen eines Baukastens gebaut ist. Das philippinische Bale sowie die mongolische Yurte sind dafür Beispiele.
Für Kinder, die ab und zu herausgefordert sein möchten, sind unter anderem die Baumhäuser, Bretterbuden und Flöße gedacht. Hier können sie auch ihre Kräfte erproben, denn das Arbeiten hoch oben im Baum oder das Überwinden eines Wehrs mit einem selbstgebauten Floß erfordert Mut und Geschick.
Für alle «Bauwerke» gilt: besondere Vorkenntnisse sind nicht erforderlich!

ab 6 - 8 Jahren

ab 8 - 10 Jahren

ab 10 - 12 Jahren

Abb. 2:
Erklärung der Vignetten für die Altersgruppen.

Symbole

Die Symbole *Pilz, Blätterhütte* und *Tipi* dienen als Orientierungshilfen und zeigen auf einen Blick, für welches Mindestalter die Anleitungen gedacht sind und welchen Schwierigkeitsgrad sie haben. Dabei ist aber zu bedenken, daß die Kinder ja ganz unterschiedlich geschickt und geübt sind. Während manche noch viel Unterstützung brauchen, arbeiten andere, gleichaltrige, schon recht selbständig. Wenn die Eltern oder größeren Geschwister zur Mithilfe bereit sind, können auch schwierige Dinge bewältigt werden. Entsprechende Hinweise sind im jeweiligen Text zu finden. Manche der Vorschläge, z.B. der Zwergenkobel oder das Kokosnußhäuschen, sind zum Spielen eher für die Kleineren interessant. Die Herstellung dagegen wäre für sie noch viel zu schwer. Diese Dinge machen dann die «Großen» den «Kleinen» zum Geschenk. Die Eltern werden letztlich von Fall zu Fall abschätzen, was machbar ist, und wieviel Zeit sie selbst erübrigen können, um Enttäuschungen zu vermeiden.

3. Das Baumaterial, Werkzeuge und Hilfsmittel

Lehm

Wer mit Lehm arbeiten möchte, sollte sich erst einmal erkundigen, wo es in der Nähe Lehmvorkommen und Lehmgruben gibt. Auskunft darüber geben z.B. Förster, Landwirte, Werk- und Erdkundelehrer oder die Rathausangestellten.

Dieser Rohlehm muß dann noch von Steinen und anderen Fremdkörpern befreit und kräftig durchgestampft werden, bei größeren Mengen mit den Füßen. Manche Baustoffirmen haben Lehm in ihrem Lieferprogramm. Dabei handelt es sich um hochwertige Sorten, die mit Wasser angerührt werden.

Ton

Guten Ton, z.B. für das Tonrollenhäuschen, besorgt man am besten in einer Töpferei oder im Fachhandel für Künstlerbedarf. Auch über den Werklehrer kann man ihn beziehen.

Abb. 3: Weiden im feuchten Wiesengrund.

Weiden

Weiden wachsen in feuchten Wiesengründen und an Bachrändern. Mit den Ruten der Korbweide, einem klassischen Flechtmaterial, lassen sich Spielhütten in allen Größen bauen. Das richtet sich nach der Länge und der Anzahl der Weidenruten, die einem zur Verfügung stehen. Vielleicht reicht es nur für eine Miniaturhütte, aber vielleicht sogar für eine Laube, in die man richtig hineingehen kann. Die hellen goldbraunen Weidenstecken werden im März/April geschnitten und bis zur Verarbeitung kühl und schattig aufbewahrt. Wer eine «lebende», dauerhafte Hütte möchte, setzt die Ruten im April/Mai, nachdem sie 2 Tage lang gewässert wurden, zu einem Drittel ihrer Länge in den Boden. Meistens wachsen sie zuverlässig an und es erscheinen bald die ersten hellgrünen, länglichen Blätter.

Wer keine Weidenruten bekommen kann, arbeitet mit Haselnuß- oder Birkenzweigen.

Holz

Platten, auf die wir die Häuschen bauen können, bekommt man preiswert in Tischlereien oder Baumärkten. Dabei handelt es sich um Reststükke. Abfallholz oder Endstücke von Brettern und Latten gibt es in Sägewerken. Die Baumhäuser und das Floß auf den Seiten 77 bis 79 wurden aus diesem Material gebaut. Im Sägewerk hatte man es den Kindern gratis überlassen.

Wolle

Sogar aus Wolle kann man Häuschen herstellen, wie die Yurte und die Zwergenzelte beweisen. Dabei handelt es sich aber nicht um gesponnene Wolle, wie man sie z.B. zum Stricken verwendet, sondern um ungesponnene Vliese oder sogenannten Krempelflor. Daraus wird mit Hilfe von warmem Wasser und Seife eine stabile, fest zusammenhängende Matte gefilzt, wie in den entsprechenden Anleitungen beschrieben. Ungesponnene Wolle erhält man beim Schäfer oder im Fachhandel (siehe Anhang).

Große Kartons

für das Fachwerkhäuschen und die Windmühle erhält man beim Kaufmann um die Ecke oder in Möbel- und Baumärkten. An den Wertstoffsammelstellen der Gemeinden findet man auch häufig geeignete Kartons. Vielleicht hat die Nachbarin noch einen herumstehen? Der große Karton, aus dem wir die Mühle auf Seite 71 gebaut haben, war von einem überquellenden Container eines Möbelmarktes, in den die Kunden ihr Verpackungsmaterial entsorgten, heruntergefallen.

Blätter, Binsen, Schilf

findet man draußen in der Natur oder im Garten. *Stroh* und *Kuhdung* (siehe Himbahütte, Seite 33) gibt es beim Bauern. Den Dung kann man auch von einer Weide holen. *Kieselsteine,* sofern man sie nicht selber sammelt, kann man im Baustoffhandel oder Zoogeschäften (Aquariumausstattung) kaufen. Dort gibt es auch *Korkrinden.*
Beim Spazierengehen sollte man stets die Augen offen halten. Die schönsten Dinge liegen uns oft zu Füßen: *Schneckenhäuser* für das Schneckenhäuserdorf, *Federn* für den Dreamcatcher, bizarre *Zweige,* die zu Bäumchen werden, schöne *Steine, Wurzeln* und *Maisstroh* neben einem abgeernteten Feld und vieles mehr.

Werkzeuge

Zollstock, Fuchsschwanz, Laubsäge, Hammer, Bohrer, Feilen, Zangen, Taschenmesser, Seitenschneider, Gartenschere, Schere, Spachtel, Lineal.

Hilfsmittel

Nägel, Holzdübel, Sandpapier, Bast, Paketschnur, Holzleim, Tapetenkleister, Bindedraht, Papierklebeband, Alleskleber, Nähgarn, Gips etc.
Genaueres ist den entsprechenden Anleitungen zu entnehmen.

4. Eine Reise um die Welt

Lehmbrote-Haus

nach Pastor von Bodelschwingh

Zum Spielen mit Spielfiguren. Beim Spielen im Freien auf einen regengeschützten Ort achten. Das Häuschen kann vergrößert oder auch verkleinert werden.

Material:
Holzplatte, Vierkantleisten, dünnere Leisten für Dachlatten, 1 Eimer Lehm, Holzschrauben, Holzdübel

Zum Bau des Holzrahmens sind Grundkenntnisse im Umgang mit Säge, Bohrer und Schraubenzieher nötig. Beim Formen und Aufeinanderschichten der Lehmballen können dann wieder die Kleinsten mithelfen.

Da das Arbeiten mit Lehm eine etwas matschige Angelegenheit ist, sollte man es, wenn es geht, im Freien vornehmen. Wer diese Möglichkeit nicht hat, arbeitet in der Werkstatt oder Waschküche. In einer normalen Küche legt man Tisch und Boden mit Zeitungspapier aus. Man sollte daran denken, daß der Bau wahrscheinlich nicht an einem Tag fertig wird. Deshalb einen Ort wählen, an dem die «Baustelle» nicht allzu sehr stört und 2-3 Tage stehen bleiben kann.

Am Anfang steht eine Holzkonstruktion aus Vierkantleisten, die auf eine Holzplatte geschraubt und geleimt wird. Aufbau und Maße sind der Skizze zu entnehmen.

Abb. 4:
Holzkonstruktion «Lehmbrotehaus»

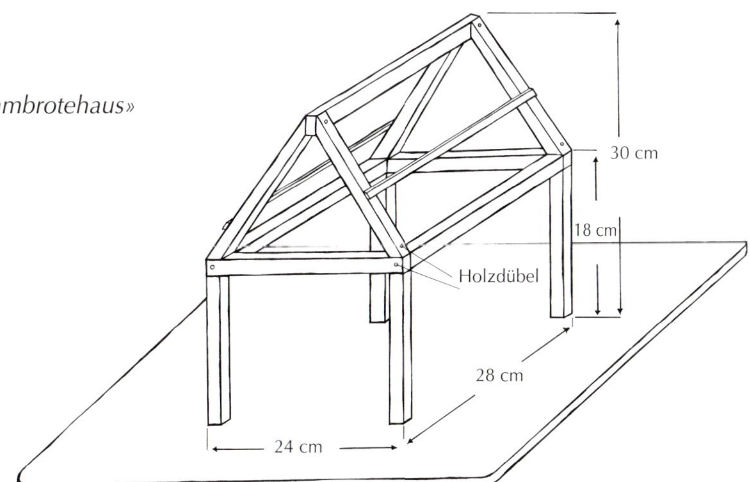

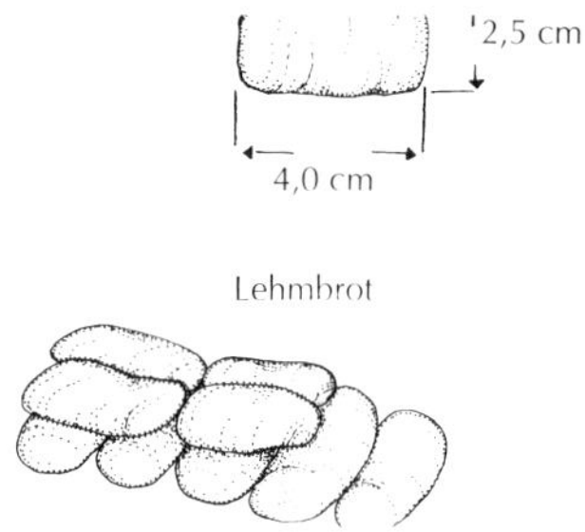

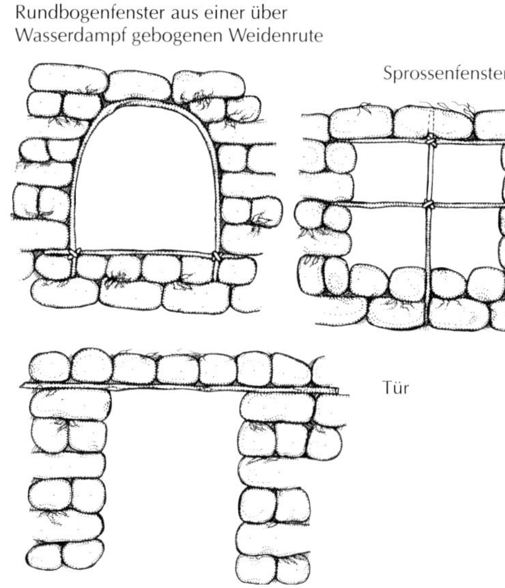

Abb. 5:
Nach dem Formen werden die Lehmbrote gleich vermauert. Eine Reihe quer, eine Reihe längs, aus je zwei nebeneinandergelegten Broten.

Diese Arbeit hat der 10-jährige «Baumeister» mit seinem Vater zusammen ausgeführt. Da der Lehm aus einer Lehmgrube recht fest war, wurde Wasser hinzugegeben und alles gut durchmischt und geknetet. Nun konnten die kleinen Lehmbrote geformt und vermauert werden: eine Reihe aus je zwei nebeneinander gelegten Broten längs, die nächste Reihe quer (siehe Skizzen), Mörtel war dabei nicht nötig. Nach jeder Reihe wurden kleine Blätter oder kurzes Heu auf die Lehmbrote gelegt, das verhindert das Verrutschen. Wer sein Haus später verputzen möchte, bohrt mit einer Stricknadel ein paar Löcher in die noch weichen Ballen, dann hält der Putz später besser. Wie man Fensteröffnungen ausspart, zeigen die Zeichnungen.

Dach:
Die Dachlatten wurden erst angeleimt, nachdem das Gefache vollständig mit den Lehmbroten ausgefüllt war. Die Dachbedeckung besteht aus Stroh. Mit sehr langen Strohhalmen hat man es leicht. Sie werden über die Dachlatten ausgebreitet und mit Weiden- oder Haselnußzweigen gehalten. Ein komfortableres Dach stellt man aus Strohbündeln her. Dabei werden viele gebündelte Strohschindeln nebeneinander gelegt und z.B. mit Bindedraht an den Dachlatten befestigt. Beim Decken beginnt man unten, an der Traufe und arbeitet sich Reihe für Reihe bis zum First hoch. Jede neue Bündelreihe überlappt dabei die untere (zum Thema «Dach» siehe auch Rundhütte mit Maisstrohdach, Seite 36, Grassodenhaus mit Strohdach, Seite 82 und philippinisches Bale, Seite 49).
Mit solch einem Lehmhäuschen können die Kinder viele Jahre spielen und es den jüngeren Geschwistern oder Freundeskindern «vererben», denn es läßt sich immer wieder renovieren.
Einmal, es war im Winter, ließen wir das Haus im Freien. Es sah wirklich schön aus, wie es mit dem verschneiten Dach so in der winterlichen Landschaft stand. Leider bekam es ihm nicht gut. Bei Tauwetter saugten sich die Lehmbrote

nämlich mit Feuchtigkeit voll und in den nächsten eiskalten Nächten gefror alles. Der Frost zersprengte die Lehmbrote, so daß sie zerbröselten. Das Ergebnis waren zwei eingestürzte Mauern. Welch einen jammervollen Anblick bot diese Ruine, das sollte nicht so bleiben! Die zerbrochenen Lehmsteine wurden fein zerklopft, mit Wasser wieder zu einem Teig verknetet und neu geformt. So war der Schaden schnell behoben. Bei der Gelegenheit erhielt auch das Dach eine neue Schicht Heu.

Anmerkung:
Wenn in unseren Breiten mit Lehm gebaut wird, dann nur auf ein Fundament aus Beton (gegen die aufsteigende Feuchtigkeit) und außerdem wird das Haus gut verputzt. So bleibt ihm das Schicksal unseres Häuschens erspart.

Das Aufrichten der Lehmwand
Verse von Pastor v. Bodelschwingh, aus seiner alten Broschüre: «Ein alter Baumeister und was wir von ihm gelernt haben».

Nun seht ihn an! Ohn' Kalk und Kleister,
Sei er Geselle oder Meister,
Legt hier Kollege Mauermann
Ein frisches Brot ans andre dran.
Und ob es regnet, ob es stürmt,
Das Dach von oben ihn beschirmt.
Das ist doch wirklich sehr bequem,
Sowohl für Menschen als für Lehm.

Marianne aber hier verlegt,
Damit der Lehm hinein sich prägt
Und weder rechts noch links kann weichen
Das Reis von Tannen oder Eichen.-
Das beste bei dem ganzen Bau
Ist aber, daß die kleinste Frau
Und auch der allerkleinste Mann
Schon richtig dabei helfen kann.

Abb. 6: Christian füllt die Holz-Konstruktion mit Lehmbroten aus.

Abb. 7: Lehmbrote-Haus mit verschneitem Dach.

Abb. 8: Lehmbrote-Haus (nach der Renovierung).

Die Idee, aus handgeformten Lehmballen von der Größe eines Ziegelsteins Häuser zu errichten, brachte Pastor Gustav von Bodelschwingh aus Afrika mit. Angesichts von Wohnungsnot und Arbeitslosigkeit, die er bei der Rückkehr in seine Heimatgemeinde in Dünne bei Herford vorfand, entschloß er sich, den Menschen diese einfache und preiswerte Bauweise nahezubringen. Lehm und fleißige Hände gab es in der Gemeinde reichlich. So entstanden im Laufe der Zeit 350 Lehmbrotehäuser in Gemeinschaftsarbeit. Die meisten davon stehen heute noch. Das Besondere an diesem Bauverfahren war, daß auf das Holzgerüst und -gefache schon gleich das Dach aufgesetzt wurde. Zuletzt füllte man das Fachwerk mit den Lehmballen aus. Bei unserem kleinen Spielhaus kommt das Dach aber erst zum Schluß!

Ziegelsteinhäuschen

Material:
Ton für Bausteine und Dachziegel; Tonschlicker, Gips oder Mörtel zum Verbacken; Holzleisten für Dachlatten und Sparren.

Werkzeug:
Säge, kleiner Spachtel, Messer, dazu Holzleim.

Besonders in Mitteleuropa wurde und wird weniger mit Lehm als mit den klassischen gebrannten Ziegelsteinen gebaut. Wer einmal ein kleines Häuschen auf diese Art bauen möchte, besorgt sich erst einmal guten Ton und formt daraus viele gleichgroße rechteckige Bausteine. Dazu nimmt man am besten ein Messer zu Hilfe. Sind die Steine gut durchgetrocknet, werden sie zum Brennen in eine Töpferei gebracht oder man bittet den Werklehrer, sie im Brennofen der Schule

Abb. 9: Ziegelsteinhäuschen

mit zu brennen. Die Dachpfannen kann man ebenfalls selbst herstellen. Dabei ist darauf zu achten, daß sie möglichst gleich groß, von gleicher Form und nicht zu dick werden. Das ist gar nicht so einfach! Damit sie an den Dachlatten halten, versieht man sie entlang der oberen Kante der Innenseite mit einem schmalen Wulst oder Absatz, der liegt dann später auf den Dachlatten auf.

Wem die Anfertigung von Steinen und Schindeln zu mühsam ist, findet im Naturspielzeughandel schon fertiges Baumaterial.

Dann unternimmt man ausgedehnte Streifzüge durch Neubaugebiete in der nächsten Umgebung und schaut den Bauarbeitern bei der Arbeit zu. Vielleicht kommt man sogar mit ihnen ins Gespräch und erhält Tips zum Bau des kleinen Häuschens. In einer Neubausiedlung gibt es meistens Häuser in verschiedenen Formen und Baustadien, so daß man beobachten kann, wie z.B. Fenster- und Türöffnungen ausgespart werden, wie die Balkenkonstruktion eines Daches aussehen kann oder ein Schornstein gemauert wird.

Zum Vermauern verwenden wir Gips (langsam abbindende Sorte wie z.B. Moltofil), echten Mörtel, den es auch in kleinen Packungen im Baumarkt gibt oder Tonschlicker (Brei aus Ton und Wasser). Den Mörtel mit einem kleinen Spachtel auftragen. Die Steine immer versetzen und auf einen richtigen Eckverband achten (siehe Skizze).

Wichtige Tips
- Vor dem Formen der Bausteine und Dachpfannen den Ton tüchtig kneten, klopfen und mit der Faust schlagen, damit keine Luftbläschen darin zurückbleiben. Die würden sich nämlich beim Brennen ausdehnen und den Stein zersprengen.
- Eine Tonsorte verwenden, die nach dem Brennen eine ziegelrote Farbe zeigt, das sieht «echter» aus.
- Dachkonstruktion, siehe auch Lehmbrote-Haus.
- Außer in Neubaugebieten findet man z.B. in Freilichtmuseen die eine oder andere Anregung.
- Damit das Häuschen gelingt, lieber eine einfache Form wählen.

Abb. 10:
Beim Mauern die Steine versetzen und auf den richtigen Eckverband achten.

Abb. 11: Torfhütte in Lappland.

Torfhütten der Sami

Die Wohngebiete der Lappen oder Sami erstrekken sich über den gesamten nordeuropäischen Raum, von der russischen Halbinsel Kola über die nördlichen Landesteile von Finnland, Norwegen bis nach Mittelschweden.

Früher, bis in die 50-er Jahre unseres Jahrhunderts hinein, zogen die Wanderlappen noch in großen Familienverbänden mit ihren zahlreichen Rentierherden umher: im Winter ins Waldland nach Schweden, dann ernährten sich die Tiere vorwiegend von Flechten und aus dem Schnee freigescharrtem Grün; im Sommer ins Sommerland nach Norwegen zu den saftigen Wiesen. Das war ein beschwerliches Leben, und vor allem kam es immer wieder zu Konflikten mit den ansässigen Bauern, wenn die Sami mit ihren Herden durch deren Gebiete zogen. Während die Wanderlappen in leicht zu errichtenden Zelten wohnten, war die Behausung der Wohnlappen, die sich schon früher einer bäuerlichen Lebensweise zugewendet hatten, fester und dauerhafter. Ihre runden Torfhütten, Koten oder Gammen (schwed. Lappkåtan) waren halb ins Erdreich eingegraben, halb über der Erde aus behauenen Baumstämmen errichtet. Außen wurden sie mit Torfplakken und Grassoden abgedeckt. Das Rauchloch in der Mitte des Daches konnte auch geschlossen werden.

Heute sind die Sami integriert in die Gesellschaft des jeweiligen Staates, in dem sie leben und gehen ganz normalen Berufen nach. Die meisten von ihnen sind in Schweden ansässig. Ihre schönen, traditionellen Trachten, von Gegend zu Gegend etwas unterschiedlich, tragen sie nur noch an Festtagen. Nur die Rentierbesitzer selbst ziehen noch mit ihren Herden umher, bedienen sich dabei aber moderner technischer Hilfsmittel wie Schneescooter, Geländemotorräder und Walkie-Talkies. Neben ihren festen Wohnsitzen besitzen sie Kurzzeitwohnstätten in den Übergangsgebieten zwischen Sommer- und Winterweideland. Manche von ihnen bauen dort noch ihre traditionellen Torfhütten, meist von rundlicher, hügeliger Form, so daß man sie in der Landschaft fast nicht erkennt. Das Innere ist sehr gemütlich und meistens recht modern ausgestattet. Man meint, sich in einem runden Blockhaus zu befinden. Andere Lappenhütten erinnern in ihrer kegeligen Form fast an ein indianisches Tipi. Solche Häuser und ganze Dorfanlagen sind heute in Freilichtmuseen zu bewundern.

Lappenkote

Das Vorbild für die kleine Spielhütte, zum Spielen mit Spielfiguren, ist eine echte Torfgamme aus Lappland.

Der Vorschlag, die Gamme in eine transportable Schale zu bauen, ist für Kinder gedacht, die vielleicht nur einen Balkon haben oder mit der Hütte auch einmal im Haus spielen möchten. Man kann sie natürlich auch auf einer Wiese errichten und nach Wunsch vergrößern. Reichlich Platz und viel Baumaterial (Äste, Grassoden) ist nötig, wenn man die Hütte so groß baut, daß mehrere Kinder darin Platz finden. Das wäre dann eine schöne Ferienaktion für Kinder und Eltern oder Jugendgruppen.

Für eine kleine Hütte (siehe Abb.) braucht man:

Abb. 12: Kleine Torfgamme.

Eine flache, runde Schale mit einem Umfang von ca. 115 cm. In diesem Fall ist es eine Vogeltränke aus Keramik. Große Blumenuntersetzer aus Kunststoff eignen sich ebenfalls. Dann besorgt man sich viele Zweige, Ästchen und Stöckchen, zwischen 30 cm und 53 cm lang. Des weiteren Blumenerde, Grassoden, Grassamen, etwas Moos und einige Stränge Bast. Die echten Koten sind meistens mit Torfplacken abgedeckt. Da aber der Torf in den Hochmooren bleiben sollte, nehmen wir feuchte Erde.
Zunächst wird eine große, dicke, zusammenhängende Grassode in die Schale gelegt. Sie sollte die Schale ganz eng ausfüllen. Anschließend die Zweige und Stöckchen dicht an dicht am Rand der Schale entlang in die Sode stecken. Es werden lange und kürzere Ästchen, in verschiedenen Stärken verwendet. Am Anfang, wenn noch nicht so viele Zweige in der Schale stecken, bindet man sie oben mit etwas Bast zusammen. Die Kunst besteht aber darin, die Zweige so miteinander zu verhaken, daß die ganze Konstruktion von selbst hält. Also die neuen Stöckchen unter bzw. über die schon vorhandenen stecken, so wie es gerade am günstigsten ist, jedoch immer in vertikaler Richtung. Zur Fixierung, wenn nötig, ein- oder mehrmals etwas Bast um die ganze Konstruktion wickeln, dann wieder eine Reihe Stöckchen rundherum in die Erde drücken. Zum Schluß, als äußere Hülle die dünnen Hölzchen verarbeiten. Da wir Erde auf die Hütte aufbringen wollen, dürfen die Zwischenräume zwischen den Zweigen natürlich nicht zu groß sein. Die Hölzer sollten so dicht nebeneinander liegen, daß es von innen fast wie eine Blockhaus-Konstruktion aussieht. Die feuchte Blumenerde dann auf der Hütte verteilen und festklopfen. Kleine Grassoden und Moos um die Hütte herum verteilen, andrücken und mit kleinen Stöckchen feststecken. Zuletzt noch einige Grassamen darüber streuen.
Die kleine Kote bleibt im Freien, damit das Gras gut wachsen kann, und außerdem ist sie ja wetterfest. Mit der Zeit stabilisiert das Geflecht der Graswurzeln die Hütte immer mehr, so daß man lange daran Freude hat.

Lappenkleid

Dieses Filzkleidchen für eine Spielfigur ist einem echten Lappengewand nachempfunden.
Das warme Kleidungsstück besteht im Original aus derbem, filzigen Stoff und ist meistens von dunkelblauer Farbe. Charakteristisch sind die gelben und roten Streifen an Saum und Ärmelbündchen sowie der Besatz an Kragen und Schultern. Die Stofffülle entsteht durch mehrere am Rockteil eingesetzte, dreieckige Keile. Die Frauenkleider haben noch mehr Keile als die Männerkittel aufzuweisen, wodurch ein reicher Faltenwurf entsteht. Die Sami-Frauen waren seit je her geschickte Näherinnen. Sie konnten u.a. wasserdichte Nähte herstellen. Auch das Einsetzen von Armzwickeln ist nichts für Anfänger. Um einen Eindruck von ihrer Fingerfertigkeit zu bekommen, versehen auch wir unser vereinfachtes Kleidchen mit Armzwickeln und insgesamt sechs Keilen am Rock.
Arbeitsschritte:

1. Teile aus Filz (Bastelgeschäft) ohne Nahtzugabe zuschneiden.
2. Den rot-gelben Ausschnittbesatz an den Rändern aufeinanderheften.
3. Rock an den gestrichelten Linien einschneiden und die sechs Keile einsetzen.
4. Bevor die Seitennähte geschlossen werden, den Besatz auf das Kleid heften, erst dann den Ausschnitt durch alle drei Stofflagen hindurch kreuzförmig einschneiden.
5. Armzwickel einsetzen, Seiten- und Ärmelnähte schließen.
6. Dünne Filzstreifen an Saum und Bündchen nähen.

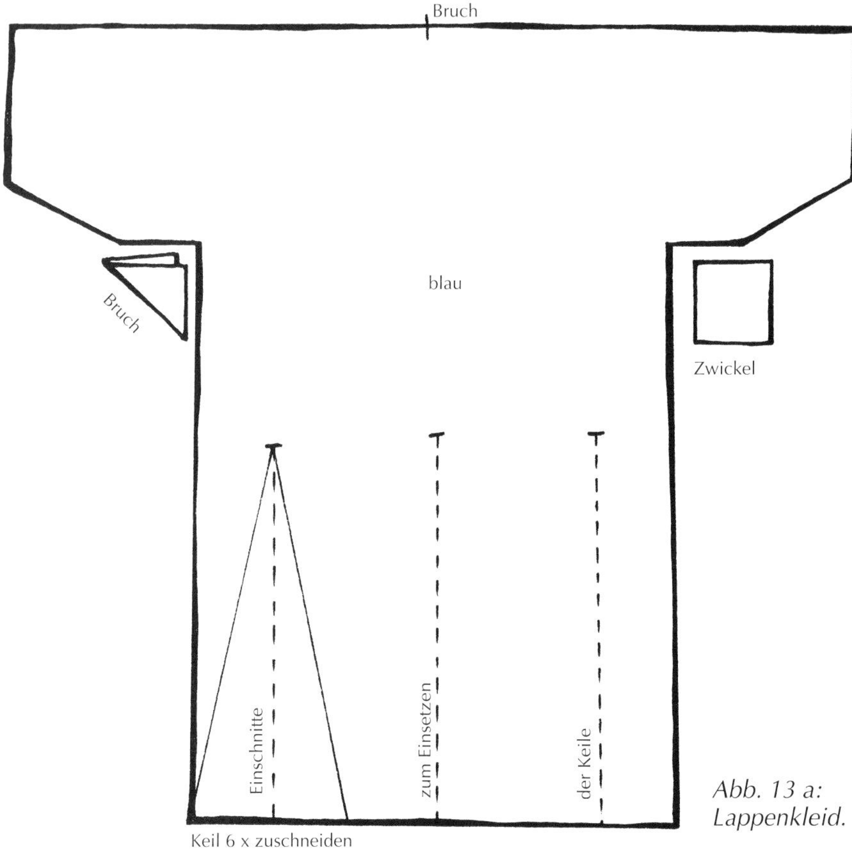

Abb. 13 a:
Lappenkleid. Originalgröße.

Die Figur wurde fertig im Bastelgeschäft gekauft. Sie ist etwa 15 cm hoch. Die Gliedmaßen bestehen aus mit Sisal umflochtenem Draht. Um sie griffiger und schöner zu machen, bewickelten wir die Puppe mit weißer ungesponnener Wolle. Der in Originalgröße abgebildete Schnitt wurde auf diese Figur abgestimmt. Wer selber eine Puppe herstellen möchte, kann sich nach dem «Lampionzwerg» auf Seite 107 richten, die Proportionen entsprechend verändern.

Tip:
Vergrößert man diesen Schnitt, so kann man danach auch ein «richtiges», großes Kleid nähen.

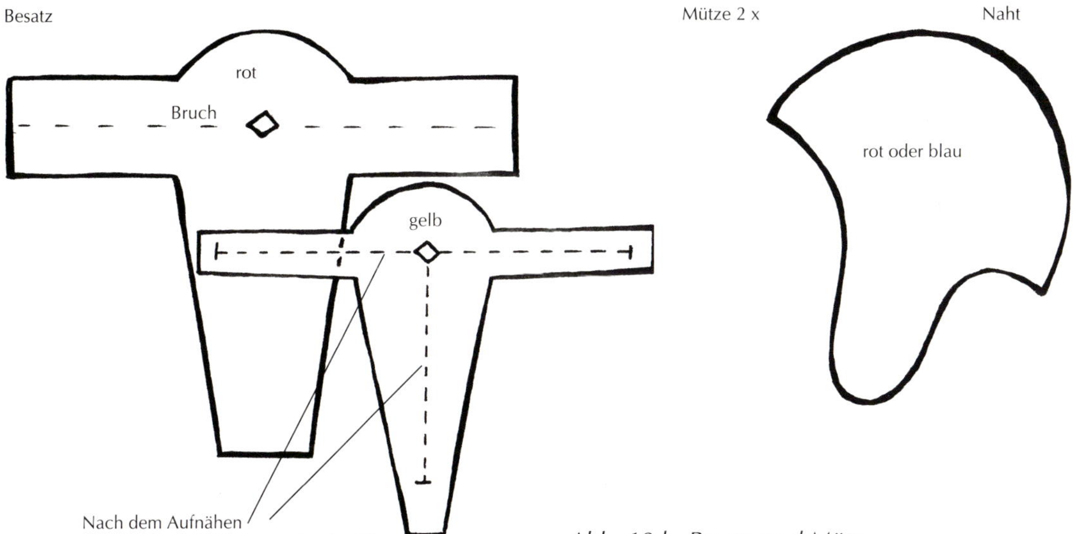

Abb. 13 b: Besatz und Mütze.

Abb. 13 c: Zwei Lappenpuppen

Abb. 14: Trulli in Süditalien.

Hirtenhütte aus Stein

Zum Spielen mit Spielfiguren und zum Einrichten z.B. als Ferienhaus für die Puppen.

Material:
Kleine, vorwiegend flache Kieselsteine, Schieferplatten o. ä. für das Dach, Sägespäne und Tapetenkleister als Mörtel oder «echten» Mörtel aus dem Baufachmarkt, Stöckchen, etwas festen Karton, Bindfaden, stabile Bodenplatte.

Diese urtümlich anmutende Steinhütte erinnert ein wenig an die «Trulli», die man heute noch in manchen Gegenden Süditaliens und Südfrankreichs (dort nennt man sie «Borie») findet. Sie dienen den letzten Hirten als Unterschlupf und seit kurzem auch Urlaubern als Ferienhäuser. Im Gegensatz zu unserer Hütte wird ein echter Trullo oder Borie nicht mit Mörtel gebaut. Er erhält auch kein extra Dach, sondern wird bienenkorbförmig, sich nach oben hin verjüngend, aus rohen Steinen kunstvoll zusammengefügt. Zuletzt bleibt oben, auf der kuppelartigen Wölbung ein Loch, das mit einer flachen Steinplatte abgedeckt wird.

Unser Steinhaus besteht aus zusammengesuchten, gewaschenen Kieselsteinen, der Mörtel aus einem Gemisch von Tapetenkleister und Sägespänen. Verwendet man anstelle von Spänen das feinere Sägemehl, wird die Masse glatter. Beides bekommt man kostenlos in Sägewerken. Das Errichten der Hütte zieht sich über mehrere Tage hin, daher ist es nichts für Ungeduldige. Der Kleister muß nämlich zwischendurch immer wieder trocknen. Wollte man das Haus komplett an einem Tag bauen, käme das Ganze mit Sicherheit ins Rutschen und alle Mühe wäre umsonst gewesen! Während der Arbeit an diesem

Abb. 15:
Man könnte denken, der kleine Esel (Holzfigur aus der Werkstatt Sievers-Hahn) warte geduldig auf seinen Herrn, der in der kleinen, kühlen Hütte ein Mittagsschläfchen hält!

Abb. 16: Die Fenstersprossen wurden ebenfalls aus kleinen Kieseln gemauert.

«Gemäuer» wurde uns klar, daß Tapetenkleister nicht unbedingt das ideale Bindemittel war. Viel besser würde sich richtiger Mörtel, den man auch in kleinen Mengen im Baumarkt kaufen kann, eignen. Als Türverankerung wurden Schlaufen aus Schnur (man kann auch Lederbänder nehmen) gleich mit eingemauert und durch diese Schlingen später ein Stöckchen als Türpfosten geschoben.
Tür: Hölzchen gleich lang zuschneiden und auf einem Klebeband anordnen, damit sie sich nicht verschieben. Oben und unten etwa 2 cm frei lassen. Dort werden die Hölzchen mit Hilfe von dünner Schnur aneinander gewebt. Klebeband entfernen, Tür an den Pfosten schnüren. Die Sprossen der Fenster bestehen aus sehr kleinen, aufeinandergetürmten Steinen. Man könnte auch Stöckchen als Fensterkreuze einarbeiten. Als Überbrückung der Tür- und Fensteröffnungen dienen Streifen aus festem Karton. Darüber kommen dann noch 2-3 Steinreihen, dann erst werden die Dachplatten aufgelegt. Die Dachplatten, hier aus Ölschiefer, liegen nur lose auf. Diese stammen aus dem Ölschieferbruch in Holzmaden. Gegen ein geringes Eintrittsgeld darf dort jeder nach Fossilien aus dem einstigen Jurameer suchen.
Die kleine Steinhütte mit einem Durchmesser von nur 15 cm hat dennoch ein beträchtliches Gewicht. Daher muß die Bodenplatte entsprechend stabil sein. In diesem Fall ist es eine 2 cm dicke Baumscheibe.
Bäumchen: Abschnitte von Papprollen (z.B. Küchenpapier) mit übrig gebliebenem Mörtel füllen, Zweig hineinstecken und Steinchen um den Stamm drücken.

Abb. 17: Im Schatten des Zeltes erwartet das Tuareg-Brautpaar seine Gäste.

Hochzeitszelt der Tuareg

Die Tuareg sind ein stolzes Volk von Hirtennomaden aus dem Norden Afrikas, das mit seinen Viehherden am Rande der Wüste Sahara umherzieht. Außer von der Viehzucht leben sie vom Salzabbau. Die Tuareg kleiden sich in ein blaues Gewand, das mit dem pflanzlichen Farbstoff Indigo gefärbt wird. Aus diesem Grunde und auch weil dieser Farbstoff auf die Haut abfärbt, gab man ihnen den Namen «blaue Ritter der Wüste». Obwohl sie dem Islam angehören, müssen die Frauen keinen Schleier tragen. Im Zelt, der Wohnstätte der Familie, hat die Frau das Sagen und sie bestimmt auch über die Verteilung der Nahrungsmittel, hauptsächlich Milch und Milchprodukte.
Die traditionelle Behausung der Tuareg ist ein niedriges Zelt aus Tierhäuten. Mehrere Dutzend kleiner Ziegen-, Mufflon- oder Schafshäute werden für ein Zelt benötigt.
Wenn ein junges Paar heiraten möchte, fertigen die Frauen aus dem Familien- und Freundeskreis sowie Nachbarinnen in gemeinschaftlicher Arbeit ein Hochzeitszelt an. Vor dem eigentlichen Fest nähen sie die Häute für das Dach aneinander. Das Aufstellen des Zeltes selbst ist ein Teil der Hochzeitszeremonie und erfolgt beim Klang der Tamburine und altüberlieferter Gesänge. Unter dem Zelt herrscht gedämpftes Licht. Dort empfangen die Brautleute den ganzen Tag über ihre Freunde und Bekannten, die ihnen Glückwünsche überbringen. Es heißt, das junge Paar sei währenddessen so verlegen, daß es sich die ganze Zeit über die Rücken zukehrt.
Das Zelt ist so niedrig, daß man sich dort nur gebückt oder sitzend aufhalten kann.

Zum Bau unseres Modell-Tuareg-Zeltes benötigen wir sechs oben gegabelte Zweige sowie drei Querstangen, die in die Astgabeln gelegt werden. Als Zeltplane dient ein großes schmiegsames Stück Fensterleder. Man kann die Plane auch aus verschiedenen weichen Lederflicken zusammensetzen. Das macht zwar mehr Arbeit, sieht dafür aber noch «echter» aus. Die sechs Zweige entweder in den Boden – wenn wir das Zelt im Freien aufbauen – oder in eine Holzplatte mit vorgebohrten Löchern versenken. Bei dem abgebildeten Modell wurden die Stangen in Tonklumpen gesteckt. Die beiden mittleren gegabelten Zweige sollten 2-3 cm länger sein als die übrigen.

Zum Spielen mit dem kleinen Zelt verwendet man Spielfiguren wie z.B. das Dromedar (siehe Vorschlag) und evtl. vorhandene Puppen. Ein richtig großes Zelt in das man hineingehen kann entsteht, wenn wir entsprechend lange gegabelte Äste in den Erdboden treiben. Als Plane nimmt man dann z.B. Markisenstoff oder alte Decken.

Abb. 18: Aufbau des Tuareg-Zeltes. Davor angefangenes Gewebe (Satteldecke), rechts vorn Kalebasse-Gefäß

Abb. 19: Fertiges Tuareg-Hochzeitszelt mit einer Plane aus Fensterleder. Das Dromedar ist die Arbeit einer Zwölfjährigen.

Kalebassen (Lagenaria Vulgaris)
Zum Aufbewahren von Lebensmitteln und als Eßgeschirr benutzen die Tuareg häufig Gefäße aus Flaschenkürbissen (Kalebassen), wie auf der Abbildung zu sehen ist. Kalebassen gedeihen auch in unserem gemäßigten Klima.

Wer möchte, versucht einmal Kalebassen selbst zu ziehen und stellt daraus praktische Gefäße nach Tuareg-Art her. Die Samen bekommt man im Fachhandel. Die rankenden Pflanzen können an einem Spalier oder Zaun gezogen werden. Man kann die Formen der wachsenden Früchte noch beeinflußen, indem man sie an bestimmten Stellen abbindet oder einschnürt. Das muß natürlich sehr behutsam geschehen. Nachdem sie voll ausgereift sind, werden sie geerntet und getrocknet. Erst wenn man die Samen im Inneren beim Schütteln rascheln hört, kann die Kalebasse zu einem Gefäß verarbeitet werden. Man bearbeitet sie wie Holz. Die Öffnung der abgebildeten Kalebasse entstand durch dicht an dicht gebohrte Löcher. Nachdem der Deckel herausgefallen war, wurde der Rand mit einer Feile und Schmirgelpapier geglättet.

Dromedar
Das Kamel spielt im Leben der Tuareg eine ganz entscheidende Rolle. Ohne dieses an das extreme Wüstenklima so hervorragend angepaßte Tier könnten dort keine Menschen leben. Die Tuareg behandeln ihre Kamele oder Dromedare, wie man die einhöckrigen nennt, entsprechend gut und haben ihnen viele schöne Geschichten und Verse gewidmet.

Das abgebildete Dromedar aus Wollstoff ist die Arbeit einer Zwölfjährigen, den Schnitt hatte sie im Handarbeitsunterricht selbst entwickelt. In die Fußsohlen sind, damit das Tier besser stehen kann, Münzen eingenäht. Das abgebildete Schnittmuster entstammt dem Buch: «Stofftiere» von Karin Neuschütz. Es wurde leicht abgewandelt. Den Schnitt auf Wunsch in einem Copyshop vergrößern.

Material:
Beiger, flauschiger Woll- oder Baumwollstoff, braunes Garn zum Sticken der Augen und als Schwanzquaste.

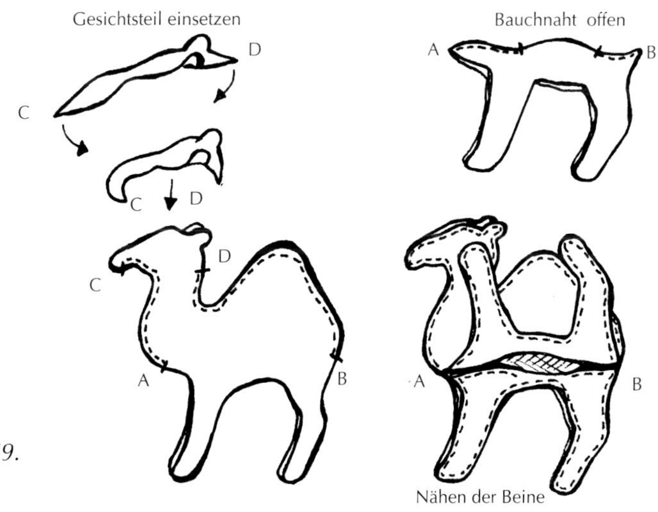

Abb. 20a: Dromedar.
Aus: Karin Neuschütz, «Stofftiere» Seite 59.

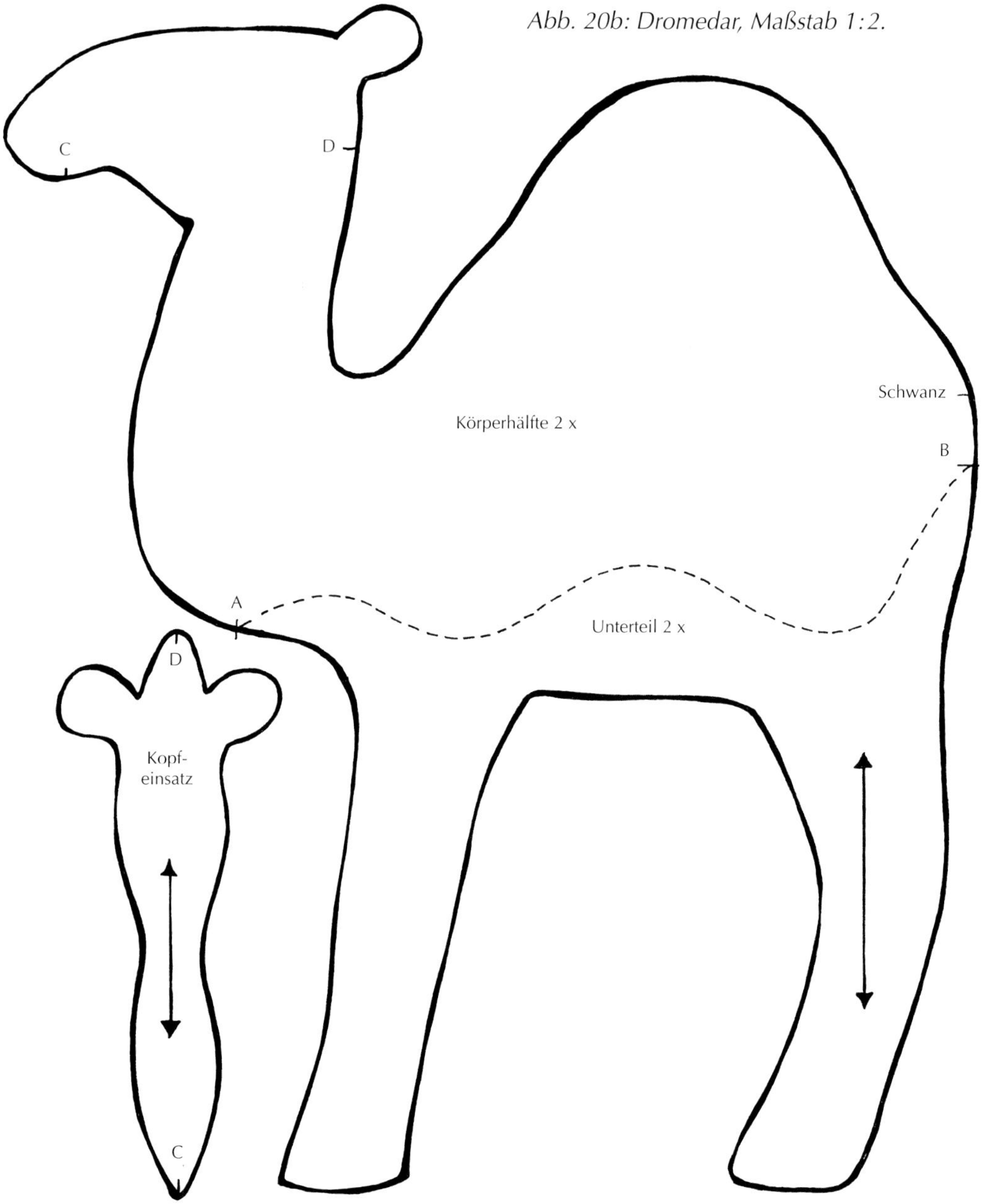

Abb. 20b: Dromedar, Maßstab 1:2.

Schnittmusterteile durchpausen und ggf. vergrößern, ausschneiden. Dann auf die linke Seite des doppelt liegenden Stoffes legen. Mit einem Stift umranden, so daß eine rechtsgerichtete und eine linksgerichtete Körperseite, zwei ebensolche Unterteile und ein Gesichtsteil entstehen. Die Punkte A, B, C und D auf den Körperhälften einzeichnen und die Teile mit 5 mm Nahtzugabe zuschneiden. Falls der Stoff an den Kanten ausfranst, mit Zickzack verstärken. Körperhälften rechts auf rechts legen, mit Nadeln zusammenstecken und die Vorderseite des Halses zwischen A und C schließen. Den Rücken zwischen D und B zusammenstecken und nähen. Gesichtsteil einsetzen und feststecken, so daß die Nasenspitze an C und die Nackenspitze an D grenzt. Heften und von der Schnauze am Gesicht entlang um das Ohr herum bis nach hinten zum Nacken nähen, erst auf der einen Seite und dann, auf der anderen Seite, wieder von der Schnauze nach hinten. Unterteile rechts auf rechts legen, zusammenstecken und die Bauchnaht bis auf ein Drittel, das zum Wenden offen bleibt, schließen. Beine der einen Körperhälfte nach oben klappen und das Unterteil, Beine rechts auf rechts, darüber decken. Zusammenstecken und um alle vier Beine rundherum nähen. Um Ohren und Beine die Nahtzugabe sauberschneiden und unter dem Kinn und zwischen den Beinen mit kleinen Einschnitten versehen. Das Tier wenden und fest mit Wolle ausstopfen, besonders die Beine und Flanken, damit es Haltung bekommt.
Schwanz aus einem Stoffstreifen nähen und umwenden. Unten mit ein paar Wollfäden versehen (Quaste).
Augen aufsticken.

Satteldecke
Um eine kleine Satteldecke (siehe Abbildung 28) für das Dromedar zu weben, braucht man keinen Webrahmen. Es genügt ein Stück Karton z.B. von der Rückseite eines Zeichen- oder Schreibblocks. Dieses Rechteck oben und unten versetzt einkerben. Darum werden die Fäden (Kette) gespannt. Anfang und Ende mit einem Klebstreifen befestigen. Zum Weben dient eine lange Nadel mit großem Öhr. Die dickeren Fäden (Schuß) werden dann wie beim Stopfen durch die Kette gezogen. Ist das Webstück lang genug, schneidet man die Kettfäden an der Rückseite durch und verknotet sie dicht am Gewebe.

Die Wüste, meine Freundin

Seit langem schon
ist die Wüste meine Freundin.
Ich treibe Schabernack mit ihr,
sie ist meine Cousine.

Am Fuße des Berges Aieloum
hat sie mir ins Ohr geflüstert:
Ich werde meinen Freund
nie und nimmer verschlingen.

Aus:
Tuareg-Poesie, H. Miethe Sommer
Wendelin Niedlich Verlag, Stuttgart

Afrikanische Rundhütten

Obwohl die Architektur des riesigen Kontinents Afrika weit mehr aufzuweisen hat als die bekannten Rundhütten, man denke beispielsweise an die berühmten Felsenkirchen von Lalibela in Äthiopien oder die Lehmburgen der Berber, so stellen sie doch bis heute die typischen Wohnstätten der ländlichen Bevölkerung dar. Die Variationen sind vielfältig und richten sich u.a. nach den Baustoffen, die die Natur zur Verfügung stellt. Lehm, Kuhdung, Binsen, Holz, Blätter, Rinde, Stein oder Häute, alles kann verwendet werden. Manche der Wohnstätten weisen gut durchdachte Doppelmauerkonstruktionen auf, wie bei den Basuto in Lesotho. Diese Bauweise sorgt für ein gleichbleibend angenehmes Klima im Inneren. Des weiteren gibt es Pfahlbauten bei Bewohnern von Seengebieten, mehrstökkige Hütten am Tana-See, Hütten mit kuppelkegel- und tonnenförmigen Dächern und Lehmhäuser mit geflochtenen, aufgesetzten «Strohhüten». Im äthiopischen Hochland baut man massive, runde Hütten aus Stein, wobei der zweite Stock über eine gemauerte Außentreppe zu erreichen ist. Der Aufwand, der beim Bau betrieben wird, hängt auch davon ab, wie lange man am Ort verweilen möchte. In der Zeit des Sklavenhandels erwiesen sich Hütten mit abnehmbaren, transportablen Dächern als nützlich. So waren die Menschen in den von Sklavenjägern heimgesuchten Gebieten in der Lage, schnell mit ihrem «Dach überm Kopf» zu fliehen.

Der Stamm der Himba in der Steppe Namibias verwendet alles, was ihm die karge Umgebung und die Viehherden liefern, sparsam und einfallsreich. Die Dächer ihrer Hütten bestreichen die Himba mit Kuhdung. Kuhdung läßt sich ähnlich verarbeiten wie Lehm. Nachdem er getrocknet ist, ist er sehr hart und beinahe geruchlos. Oftmals sind die Hütten zweistöckig. Das obere Stockwerk dient dann zur Aufbewahrung der Lebensmittel. Um ihr Vieh nachts vor wilden Tieren zu schützen, errichten die Himba ihnen dichte Gatter aus dornigem Gestrüpp. Wenn sie schließlich mit ihren Herden weiterziehen, bleiben die Hütten und Gatter einfach stehen. Nach und nach zerfallen sie wieder zu Erde.

Die einfachste Behausung bauen die Pygmäen im Regenwald. Sie sind ein Volk von Sammlern und Jägern. In den letzten Jahren sind die Pygmäen durch den wunderschönen, eigentümlichen Gesang ihrer Frauen bekannt geworden. Ihr «Haus» besteht manchmal nur aus einem halbkugeligen, aus Zweigen zusammengefügten Schirm. Es wird häufig nur eine Nacht genutzt. Die kleinen Rundhütten bauen sie aus in den Boden gerammten Ästen, die vollständig mit großen Blättern abgedeckt werden. Die Blätter ritzen sie innen, an der mittleren, dicken Ader ein, so daß ein «Haken» entsteht. Damit werden sie an das Gerüst gesteckt. Dabei überlappen sie sich wie Dachschindeln und halten Regen bestens ab. Diese «Blätterkugeln» sind Frauen und Familien vorbehalten. Die jungen Männer bewohnen dagegen tunnelförmige Hütten, die hinten und vorn offen sind. Anstatt mit Blättern sind diese mit Rinden abgedeckt.

Die folgenden Vorschläge möchten zum Bau kleiner oder auch großer afrikanischer Rundhütten anregen.

«Der Furchtsame sieht überall Schlangen.»
(Afrikanisches Sprichwort)

Himbahütte (Abb. S. 34)
Zum Spielen mit Puppen und Tieren.
Diese Hütte kann in verschiedenen Größen natürlich auch gleich ins Freie gebaut werden. (Siehe berankte Weidenlaube zum Hineingehen auf Seite 80).
Material:
Holzplatte, 50x 50 cm, 2 cm dick, Weidenruten, einige Ranken und Blätter, frischen Kuhdung.
Auf die Holzplatte einen Kreis von etwa 4o cm Durchmesser zeichnen. Darauf 49 Bohrlöcher verteilen. Darauf achten, daß der Abstand zwischen den Bohrungen im Eingangsbereich etwas weiter ist. Geschmeidige Weidenruten, ca. 5o cm lang, in die Löcher versenken, zu der runden Dachform biegen und, wie die Skizze zeigt, miteinander zu dem Dachgeflecht verweben. Die Hütte wird stabiler, wenn man sie zuvor unten mit einigen Flechtreihen aus dünnen Weidenruten versieht. Darauf achten, daß das Dach eine gefällige, runde Form erhält. Den Dachbereich durch Einflechten und Stopfen mit Ranken und Blättern verdichten. Dann den frischen Kuhdung satt auftragen.

«Es ist besser mit dem Fuße auszugleiten als mit der Zunge!»

(Afrikanisches Sprichwort)

Afrikanischer Ball
Der Ball (siehe Abbildung) nach Art afrikanischer Kinder ist schnell gemacht. Dazu nimmt man z.B. Stoff- oder Lederreste, Blätter, harte Gräser, Schnur, Bast oder dergl. Aus all diesen Dingen wird dann eine sehr feste Kugel gewickelt und gut verschnürt.

Abb. 21:
Gerüst aus Zweigen, die sich nach oben hin verjüngen und dort miteinander verwoben werden.

Abb. 22:
Helena spielt mit der Himbahütte

Abb. 23: Himbahütte mit Kuhdung-Dach, davor ein afrikanischer Ball.

Rundhütte mit Maisstrohdach

Zum Spielen mit Spielfiguren (Puppen, Tieren, Hausrat etc.).

Eine größere Hütte mit Raum für 2-3 Kinder könnte nach diesem Vorbild im Freien errichtet werden. Dabei ist die Hilfe von Erwachsenen nötig. Die große Hütte aus Palmwedeln (Foto) entdeckten wir in einem Garten an der Côte d'Azur. Das Dach wurde hier durch einen Mittelpfosten getragen.

Diese kleine Rundhütte besteht aus einem Weiden-Schilfgeflecht, das mit einer Lehmschicht bestrichen wurde. Das Dach erhielt eine Abdekkung aus den trockenen Deckblättern von Maiskolben. Das ist nicht unbedingt ein typisch afrikanisches Dachdeckmaterial, wie z.B. das Elefantengras, aber wir hatten es zufällig sehr reichlich zur Verfügung. Man kann ebenso gut Schilf, Binsen, Stroh oder langes, hartes Gras verwenden.

Sofern man die kleine Hütte nicht im Freien baut, besorge man sich zunächst eine Holzplatte, 1,5-2 cm dick, Rundhölzchen (Pflanzenanbindestäbe), frische Weiden- oder Haselnußruten, Binsen, Schilf o.ä., Bast zum Binden und Lehm.

Auf die Holzplatte einen Kreis im Durchmesser von 20 cm zeichnen und darauf 14 Bohrungen, ca. 0,5 cm tief, verteilen. Im Eingangsbereich den Abstand zwischen den Bohrungen etwas größer lassen. Die auf 10,5 cm Länge zugeschnittenen Rundhölzchen darin versenken. Sie müssen ganz fest sitzen! Nun wird dieses Gerüst mit Binsen, Schilf oder Weidenruten beflochten, (siehe «Südseehütte», Seite 91) die Türöffnung aussparen! In unserem Beispiel wurde im Wechsel mit Weidenruten und Schilf (vom Gartenteich) gearbeitet. Die letzten 2-3 Reihen sollten auf jeden Fall aus Weiden- oder Haselnußruten bestehen, um einen haltbareren

Abb. 24: Große Rundhütte mit Palmwedeln.

Abb. 25: Konstruktion des Dachgerüstes.

Abb. 26: So werden die Maisstrohbündel angebracht.

Abb. 27: Rundhütte mit Maisstrohdach.

Abschluß zu bekommen. Es folgt der Aufbau des Dachgerüstes. Drei, in diesem Fall ca. 53 cm lange, geschmeidige Weidenruten bilden die «Kuppel». Sie werden oben, dort wo sie sich überkreuzen, zusammengebunden. Sie schmiegen sich durch ihre Spannung innen an die Seitenwände der Hütte an und werden dort an sechs der Rundhölzer festgeschnürt (Abb. 29). Um die so entstandene Dachwölbung einen Kuppelring aus dünneren Weidenzweigen formen und binden. Daran wiederum *senkrecht* sechs gerade, ca. 20 cm lange, dünne Zweige befestigen. So ergibt sich eine ausladende, «schattenspendende» Dachform. Zum Schluß unten, im Bereich der Traufe, sechs gerade, dünne Stöckchen *waagerecht* über die zuletzt angebrachten, senkrecht verlaufenden Zweige schnüren. Dazwischen noch einmal sechs kürzere Zweige befestigen. So ist ein stabiles Dachgerüst, ein guter Unterbau für die Abdeckung entstanden. Bevor jedoch damit begonnen wird, bestreichen wir das Geflecht der Seitenwände außen sorgfältig und satt mit Lehm. Dann erst aus dem Maisstroh oder dem Schilf viele, nicht zu dicke Bündel formen und oben fest mit Bast zusammenbinden. Die Bündel immer einzeln an das Dachgerüst knoten. An der Traufe, (unterste Reihe) sind sie kürzer aber zahlreicher als im oberen Dachbereich. Insgesamt liegen drei Bündelreihen schindelartig übereinander. Auf dem Foto Seite 35 sieht man, wie sie sich überlappen. Ebenso erkennt man darauf die Konstruktion des Dachgerüstes aus Weiden. Im übrigen stellt dieser Unterbau nur eine von vielen Konstruktionsmöglichkeiten dar. Die Dachmitte erhielt zum Schluß noch einen «Hut» aus Ton, bemalt mit einem einfachen Muster.

Abb. 28: Rundhütte mit Blätterdach.

Rundhütte mit Blätterdach
Zum Spielen mit Spielfiguren.

Diese Hütte wurde auf die gleiche Weise konstruiert wie die vorher beschriebene mit dem Maisstrohdach. Das Dach ist, wie auf dem Foto zu erkennen, etwas einfacher gestaltet und hat keine ausladende Form. Die Wände wurden nicht mit Lehm verputzt. Das Dach decken nur drei große Sonnenblumenblätter, die an den Stengeln zusammengebunden sind. Diese Blätter sind besonders geschmeidig und zerbröseln nicht, denn sie lagen zwei Tage in einem Glyzerin / Wasserbad (1:1).

Messir Wod (Äthiopisches Linsengericht)

Drei Tassen gewaschene, über Nacht eingeweichte Linsen zum Kochen aufsetzen. Währenddessen 3 mittelgroße Zwiebeln kleinschneiden und ohne Fett oder Wasser unter ständigem Rühren goldgelb rösten. Erst dann etwas Wasser

Abb. 29: «Rohbau» der verschiedenen Rundhütten.

Abb. 30: Blick auf das Geflecht der Lehmhütte

und nachdem es verrührt und verdunstet ist, ein wenig Öl hinzugeben. Die fertig gekochten Linsen langsam unter die Zwiebeln rühren. Mit Salz, Alitscha, etwas Kümmel, Knoblauch sowie Nelkenpfeffer abschmecken.
Anmerkung: Alitscha sind grüne Pfefferschoten. Nachdem man die Kerne entfernt hat, läßt man die Schoten an der Sonne trocknen, um sie anschließend zu Pulver zu zerstoßen. Anstelle von Alitscha kann man auch Currypulver verwenden.

Bunte Lehmhütte
Zum Spielen mit Spielfiguren

Der gleiche Unterbau aus Rundhölzchen und Weidenruten wie bei den beiden vorangegangenen Beispielen (siehe Abb. 29/30) verbirgt sich auch unter dieser lehmverputzten Hütte. Das Dach ist aber, im Gegensatz zu den anderen Hütten, anstatt mit einem insgesamt mit fünf Weidenringen umgeben. Die Zwischenräume wurden zusätzlich mit einem Geflecht aus Schilfhalmen versehen, um dem Lehm einen ausreichenden Untergrund zu geben. Zum Schluß wurde das Ganze vollständig und satt mit Lehm bestrichen, der Eingang durch einen Wulst betont. Nach dem Trocknen zeigten sich Risse (was bei Lehm nicht ausbleibt). Durch Auftragen von Lehmschlicker (dünnflüssiger Brei aus Lehm und Wasser) kann man das wieder ausgleichen, den Untergrund vorher mit einem Schwamm anfeuchten. Das Bemalen der Hütte mit afrikanischen Motiven macht besondere Freude. Das Dach in unserem Beispiel wurde mit einem dünnen Brei aus Gips, Wasser, weißer Farbe und etwas blauer Tinte angestrichen.

Spielfiguren
Die Puppenrohlinge gibt es im Bastelgeschäft zu kaufen (siehe Lappenkleid, Seite 22). Kopf, Hände und Füße haben wir braun angemalt und den

Abb. 31: Bunte Lehmhütte.

Körper mit brauner, ungesponnener Schafwolle bewickelt. Das Kleid der Puppenfrau ist nur ein rechteckiges Tuch. Afrikanerinnen knoten aus farbenfrohen, rechteckigen Tüchern die schönsten Kleider und drapieren sie immer wieder neu. Wer das Muster für das Puppenkleid selbst gestalten möchte, versucht es einmal mit der Kartoffelstempeltechnik. Unsere kleine Afrikanerin trägt solch ein «Kartoffeldruckkleid». Das Kind im Tragtuch entstand wie folgt: In eine kleine braune Holzperle ein kurzes Stöckchen leimen und mit brauner Wolle umwickeln. Etwas Wolle als «Wuschelhaare» ankleben. Das Gewand des Mannes stellt ein Leopardenfell dar. Gelben Filz in Fellform zuschneiden und das Muster mit einem dunkelbraunen, wasservermalbaren Farbstift aufmalen. Speere kann man aus Schaschlikstäbchen oder dünnen Zweigen, Speerspitzen aus silberfarbenem Papier oder etwas Alufolie herstellen. Die Giraffe, aus Holz geschnitzt und bemalt, stammt aus Kenia. Solche Figuren bekommt man z.B. im «Dritte Welt»- Handel. Der trockene Ast steckt in einer flachen, mit Gips gefüllten Blechdose. Im Geäst ruht eine «harmlose» Schlange aus Knetwachs.

Schlangentanz
Afrikanisches Kinderspiel

Mehrere Kinder, je mehr desto besser, hocken dicht hintereinander und bilden eine lange Schlange. Die Hände liegen jeweils auf den Schultern des vorderen Mitspielers. Zu einem einfachen Singsang hüpfen sie wie Fröschchen vorwärts. Das Spiel ist überaus lustig, verlangt aber, daß man sich ein wenig aufeinander einstellt, also *ein* Tier bildet. Der Schlangentanz macht sicher nicht nur afrikanischen Kindern Spaß. Der nächste Kindergeburtstag wäre ein Anlaß das herauszufinden!

Lehmhäuser im Jemen

Besonders im Nordjemen hat sich bis in die jüngste Zeit hinein eine vielfältige, traditionsreiche Lehmarchitektur erhalten.
Unter den verschiedenen Lehmbautechniken ist die archaisch erscheinende «Zaburbauweise» besonders interessant und nur im Jemen zu finden. Dabei wird der Lehm zunächst mit Strohhäcksel vermengt und kräftig mit den Füßen durchgestampft. Mit den Händen werden aus dieser Masse lange, ca. 50 cm dicke Wülste geformt, in Sand gewälzt und zu dem Mauerwerk aufgeschichtet. Die Wohnburgen in Zaburtechnik erkennt man an den hochgezogenen Ecken. Sie entstehen dadurch, daß das Fundament an den Ecken etwa 50 cm höher angelegt wird. Die Schwerkraft der Mauer verlagert sich dadurch zur Mitte hin. Oben entstehen so die charakteristischen Zinnen. Durch diese Zinnen und die trutzige, sich nach oben hin leicht verjüngende Form wirken die Gebäude fast burgartig. Man bezeichnet sie deshalb auch als «Stadtburgen». Ihren Bewohnern bieten sie abgeschirmte, kühle und gesunde Wohnräume. Sie danken es ihnen durch ständige Pflege, Erweiterung, Renovierung und liebevolle Ausschmückung der Fassaden. Sana, die Hauptstadt des Jemen, gilt als eine der schönsten Städte des Orients. Die Häuser, in verschiedenen Bauweisen errichtet, bezaubern durch ihre mit sicherem Gespür für eine harmonische Ornamentik gestalteten Fassaden. Der ästhetische Reiz wird noch erhöht durch die Farbbeschränkung im Stadtbild: Weißumrandete Fenster und Türen, weiße Zinnen und Friese im Gegensatz zu der gelblich-erdigen Farbe des Lehms. Die Stuckarbeiten werden mit einer besonderen, im Jemen vorkommenden Gipssorte, «Djuss» genannt, ausgeführt.

Abb. 32: Zaburhaus aus Lehmwülsten mit den charakteristischen hochgelagerten Ecken und sich daraus ergebenden Zinnen

Kleine «Stadtburg» aus Lehm
Zum Einrichten (siehe Beispiel auf dem Foto) und Spielen mit Spielfiguren

Material
Lehm, eine dicke Holzplatte, auf der das Haus errichtet wird und Gips. Der Lehm für das abgebildete Häuschen stammt aus einer Lehmgrube und enthielt noch sehr viele Steinchen, die vor der Verarbeitung entfernt wurden. Für die Fenster dünne Plexiglasscheibchen, transparente Glasmalfarbe und Konturenpaste, beides im Bastelgeschäft erhältlich. Als Werkzeuge werden ein Messer, eine kräftige Schere und Pinsel benötigt.

Einen Eindruck von dem Können der jeminitischen Lehmbauhandwerker gewinnt, wer sich einmal selbst an die Arbeit macht und ein Lehmhäuschen in Zaburtechnik zu bauen versucht. Es ist nämlich gar nicht so einfach. Zunächst wird der Lehm gut durchgeknetet und evtl. mit sehr fein geschnittenem Stroh- oder Heuhäcksel vermengt. Auf eine nicht zu dünne Holzplatte legt man an die Ecken des Grundrisses rechteckige Steine oder Lehmquader. Dadurch werden die nacheinander aufgeschichteten Lehmwülste an den Ecken höher gelagert, so wie bei den Original Zaburmauern auch. Vor dem Aufbringen der Lehmwülste kann man sie leicht in feinem Sand (z.B. Vogelsand) wälzen. Die Wülste durch Verstreichen miteinander verbinden, dazu verwendet man am besten «Lehmschlicker», ein Brei, der aus Lehm und Wasser angerührt wird. Später kann das ganze Gebäude verputzt werden, so daß man die Wülste nicht mehr erkennt.

Unsere Lehmburg erhielt mit Glasmalfarbe bemalte, eingesetzte Fensterscheiben (Plexiglas). Im Jemen bestehen solche Fenster aus einem Gitterwerk, in das farbige Glasscheiben eingepaßt werden. Früher waren diese Scheiben aus Alabaster.

Damit man das kleine Haus besser «bespielen» kann, haben wir eine Seite offen gelassen. Wer seine Stadtburg mehrstöckig bauen möchte oder ein Dach wünscht, zieht, solange der Lehm noch weich genug ist, mehrere gerade Stöckchen ein, wie an dem Modell angedeutet. Darauf legt man z.B. eine Lage Packpapier, worauf eine Lehmschicht als Dach bzw. Zwischendecke aufgebracht wird. Das Papier kann man vorher mit Speiseöl einstreichen, dann widersteht es der Feuchtigkeit besser. Wenn der Lehm lederhart getrocknet ist, können wir mit einem Messer die Fenstersimse und -rahmen, innen wie außen, noch ein wenig nacharbeiten. Zeigen sich Risse, was bei Lehm nicht ausbleibt, werden sie mit Schlicker verstrichen. Für spätere Renovierungsarbeiten sollte man einen Lehmklumpen zurück behalten (feucht halten und z.B. im Keller aufbewahren). Der Innenraum wird nach dem vollständigen Durchtrocknen der Mauern mit Gipsbrei verputzt, so daß er blendend weiß wird. Zum Schluß verzieren wir die Fassade. Alle Fensteröffnungen erhalten die typisch weiße Umrandung. Die Oberkante des Hauses kann zusätzlich mit einem Zickzackmuster geschmückt werden. Für diese Arbeiten eignet sich Gipsbrei ebenfalls sehr gut.

Fenster:

Rechteckige Plexiglasscheibchen auf das vorgezeichnete Fenstermuster legen und die Linien mit Konturenpaste auftragen. Die Konturenpaste gleich aus der Tube durch die dünne Tülle drükken. Die Paste ist etwas erhaben. Nachdem sie getrocknet ist, die Zwischenräume mit transparenter Glasmalfarbe ausfüllen. Die Fensterscheiben sollten bereits fertig sein, bevor mit dem Bau begonnen wird. Man setzt sie während des Aufschichtens der Lehmwülste mit ein.

Abb. 33: Mustervorschläge zum Bemalen der Fenster, Größe1:2, (Wohnung aus Sana).

Das Modellhaus besteht aus 13 übereinander verbackenen Lehmwülsten und hat folgende Abmessungen: Seitenwände 30 cm, Rückwand 32 cm, Höhe 22 cm.
Ein wenig Zierat und Sitzkissen aus «Goldbrokat», hier aus breitem goldfarbenem Geschenkband genäht und eine echte kleine Palme im Hof ergeben ein orientalisch anmutendes Ambiente. Nun fehlt nur noch die richtige Beleuchtung, die von außen durch die Fensterscheiben fällt und bunte Muster auf den Teppich malt und vielleicht eine Geschichte aus 1001 Nacht?!

Abb. 34: Kleine «Stadburg» aus Lehm.

Abb. 34: Yurten.

Yurten

Das Wort «Yurte» bedeutet «Ort des Lagers» oder «Gemeinschaftsraum der hier lebenden Menschen». Yurten sind mobile Wollfilzzelte mit Wänden aus zusammenschiebbaren Scherengittern und einem dicken Filzdach, das Schnee, Regen und Stürmen bestens widersteht. Sie sind die traditionellen Wohnstätten zentralasiatischer Reiternomadenvölker. Ähnlich wie die Prärieindianer in ihren Tipis, sehen auch die Nomaden in ihren Yurten mehr als nur eine Behausung. Der runde Grundriß wird mit dem Erdumfang verglichen, die Dachkuppel als Himmelsgewölbe angesehen. Durch die Kuppelöffnung senden lebensspendende Himmelsmächte ihren Segen in das Haus und hier, direkt unter ihr, kommen auch die Kinder zur Welt.

Die Lebensgrundlage der Menschen bilden ihre umfangreichen Viehherden: Schafe, Ziegen, Kühe, Yaks, Kamele und natürlich Pferde. Bricht man in neue Weidegebiete auf, wird die Yurte platzsparend verschnürt und auf die Lastentiere geladen. Von Volksgruppe zu Volksgruppe sind die Yurten etwas unterschiedlich. Die Mongolen z.B. überziehen sie mit weißem Leinenstoff und oben ragt ein schmaler, schwarzer Schornstein heraus. Afghanische und türkische Yurten haben

eine steilere Kuppelform und die Kirgisen schmücken die Dächer mit besonders reichen und farbenfrohen Ornamenten.
Alle Yurtenbewohner legen Wert auf einen schönen Eingang. Der massive Holzrahmen mit integrierter Schwelle wird mit Hilfe von bunten, gewebten Bändern an Scherengittern und Pfosten befestigt. Die niedrige Tür besteht bei den Kasachen aus einer rollbaren Matte (Schilf oder dünne, aneinandergeschnürte Hölzchen). Darüber liegt eine zweite, aus dickem Filz angefertigte und mit Stickereien verzierte Tür. Die Mongolen bevorzugen massive Türen aus Holz. Wer es sich leisten kann, läßt sie von kunstfertigen Mönchen bemalen. Die Türschwelle ist allen heilig. Beim Eintreten in eine Yurte muß man auf jeden Fall vermeiden auf die Schwelle zu treten. Gleichzeitig ist der Kopf zu senken, sonst stößt man sich an dem niedrigen Rahmen. Somit wird einem gleich bewußt: Hier betritt man mehr als «nur» eine Wohnstätte.
Das Filzen der dicken Dachplatten erfolgt natürlich nicht, wie bei unserer kleinen Yurte beschrieben, mit den Händen. Das wäre bei einer so großen Fläche ein zu mühsames Unterfangen. Die frisch geschorene Schafwolle wird zunächst ausgebreitet und gründlich mit Stangen durchgeklopft und aufgelockert. Dann rollt man sie in große Schilfmatten ein und begießt sie mit Wasser. Die Schilfrollen müssen stundenlang hin- und herbewegt werden. In manchen Gegenden spannt man Pferde davor und läßt sie über den steinigen Steppenboden laufen, bis sich die Wollfasern zu einem stabilen Filz verdichtet haben.

Bau einer kleinen Yurte (Abb. S. 46)
Als Modell, zum Einrichten und Spielen mit Spielfiguren.
Selbst wenn ein Erwachsener mithilft, muß man mit zwei Tagen Arbeit rechnen.

Gerüst, Material: Holzplatte, 40 x 40 cm, ca. 1,5 cm dick, Rundhölzchen, Durchmesser ca. 4 mm, frische oder gewässerte Weidenruten, Bast zum Binden.
Auf die Holzplatte den Grundriß, einen Kreis von 30 cm Durchmesser aufzeichnen. Darauf 13 Bohrlöcher, ca. 5 mm tief, in gleichen Abständen verteilen. Dort, wo der Eingang geplant ist, einen etwas größeren Abstand, in diesem Fall ca. 10 cm, lassen. Der Durchmesser der Löcher entspricht denen der Rundhölzchen. 13 Rundhölzchen, je 8 cm lang, in die Löcher versenken. Die Seitenwände sind nun fertig. Wie schon erwähnt, haben die großen Yurten Seitenwände aus zusammenschiebbaren Scherengittern. Ihre Herstellung wäre aber für unsere kleine Spielyurte zu aufwendig. Aus einer dünnen, biegsamen Weidenrute einen Kreis von ungefähr 30 cm Durchmesser formen und die Enden gut übereinander festbinden. Diesen Ring nun als oberen Rand zwischen die Rundhölzchen schieben und mit Bast daran schnüren. Der Kreis sollte ganz fest sitzen! Das Kuppelgerüst aus 3 geschmeidigen, 47-50 cm langen Weidenruten biegen. Durch ihre Spannung halten sie an der Innenseite des Ringes. Man schnürt sie mit Bast an Ring und Rundhölzern fest. An den Überkreuzungspunkten, oben auf dem Dach, werden sie ebenfalls zusammengebunden. Aus einem weiteren Weidenzweig wird ein Kuppelring von etwa 11 cm Durchmesser gebogen. Einen Kuppelring haben die echten Yurten übrigens auch. Diesen Ring mittig auf das Dachgerüst binden und daran noch 6 weitere, dünne Zweige anschnüren, fertig ist die Kuppel! (Siehe Abbildung S. 46).

Abb. 35: Spielyurte mit handgefilzter, abnehmbarer Schafwollkuppel.

Filzdach:
Material: 120 g ungesponnene, weiße Rohwolle. Die Wolle bekommt man fertig gewaschen und kardiert (gekratzt, egalisiert) im Fachhandel. Wer sie direkt beim Schäfer kauft, muß sie 2-3 x in lauwarmem Seifenwasser waschen. Nach dem Trocknen wird sie dann sorgfältig gezupft und aufgelockert, so daß ein gleichmäßiges Material entsteht. Die möglichst zusammenhängende Wollmatte drückt und zupft man zu einer Fläche von ca 50 x 50 cm und legt sie auf eine wasserunempfindliche Arbeitsfläche. Dann bestreut man das Ganze mit Seifenspänen (Kernseife) und gießt in die Mitte einen kleinen See 40°- 50° warmen Wassers. Von der Mitte ausgehend beginnt man nun, die Wollmasse vorsichtig zu reiben (filzen). Soviel Seife verwenden, daß die Hände gut gleiten. Abgekühltes Wasser von Zeit zu Zeit abdrükken und durch heißes ersetzen. Darauf achten, daß das Stück nicht wesentlich über das vorgegebene Maß, also 50 x 50 cm hinausrutscht, das würde einen löchrigen Filz ergeben. Daher häufiger von außen nach innen reiben als umgekehrt. Je mehr zu spüren ist, wie die Wolle unter den Händen filzt, um so kräftiger darf gearbeitet werden. Die Platte dann auch von der Rückseite bearbeiten. Nach ca. 30-40 Min. sollte das Stück gut genug gefilzt sein. Nun wird es gründlich gespült. In noch feuchtem Zustand schneidet man daraus 2-3 trapezförmige Platten. Größe der Platten vorher an der Kuppel abschätzen, evtl. einen Schnitt aus Papier anfertigen. Die Teile mit überwendlichen Stichen aneinandernähen. Der Bereich des Kuppelringes bleibt ausgespart. Die Nahtbereiche können noch einmal nachgefilzt werden, damit sie nicht mehr so auffallen. Das fertige Dach wie eine Mütze über das Gerüst ziehen und hier vollends trocknen lassen, denn in feuchtem Zustand paßt es sich der Kuppelwölbung besonders gut an. Ein kleines, separates Filzstück dient als

Abb. 36: Blick auf die Dachkonstruktion und den eingerichteten Innenraum.

Abdeckung des ausgesparten Kuppelbereiches. Es wird nur hinten an das Dach genäht, damit man es zurückklappen kann (Rauchabzug).

Seitenverkleidung:
Aus den restlichen Filzstückchen einen Streifen von ca. 90 x 7,5 cm zusammenstückeln und, wie in dem abgebildeten Beispiel, mit Leinenstoff umlegen. Die Nomaden fertigen die Seitenverkleidungen aus mehreren separaten Matten an. So kann die Yurte an verschiedenen Stellen durch Hochrollen dieser Teile belüftet werden. Die Wände nun mit zwei Schnüren (Paketband) umwickeln, Schnüre an den Türpfosten festbinden. Rund um die Dachkante ein buntes Band nähen, dabei sollte sich das Dach auf dem Gerüst befinden. Das Band umläuft den zwischen den Seitenhölzchen festgeklemmten großen Weidenring und muß fest darauf sitzen. Gleichzeitig kann

man mit diesem Band Unregelmäßigkeiten am Dachrand kaschieren. Damit das Dach abnehmbar bleibt, sollte es nicht, auch nicht versehentlich, mit dem Seitenstreifen vernäht werden. Zum Schluß noch einige Schnüre zur Fixierung über das Dach spannen. Das Rauchloch erhält zwei extra Schnüre. Original Yurten sind manchmal verschnürt wie die Postpakete! Wer möchte, verziert den Dachbereich über der Türöffnung mit Fransen oder Stickereien.

Tür:
So wie die echten mongolischen Yurten erhält auch unsere kleine einen massiven Türrahmen aus Holz. Dieser hat die Maße 8 x 7,5 cm. Die Leisten werden zusammengeleimt, gestrichen und anschließend an die Eingangspfosten gebunden. Vorher an einer Seite vier kleine Löcher in den Rahmen bohren, dort wird später die Tür angeschnürt. Sie besteht aus einem Brettchen und wird schön bemalt. Eine Kinderhand paßt gerade noch hindurch.

Einrichtung:
Das Innere der Yurte kann ganz behaglich eingerichtet werden. Dazu weben wir z.B. einfache bunte Wollteppiche (siehe Kameldecke, Seite...) oder schneiden aus übriggebliebenen Filzresten kleine Sitzkissen und Schlafdecken. Aus einem Lederflicken kann man kleine Fellformen zurechtschneiden usw. Ein Teekessel sollte in keiner Yurte fehlen. Er gilt in Mittelasien als Sinnbild der Gastfreundschaft und die wird bei den Yurtenbewohnern groß geschrieben. Jeder Fremde der vorüberkommt erhält in einer Yurte ein Nachtlager und Nahrung. Das ist ungeschriebenes Gesetz in der Steppe.

«Willst du einen Menschen kennenlernen, so schau auf sein Benehmen; bei einem Kind aber schau dir seine Spiele an.»

Sprichwort aus der Mongolei

Philippinisches Haus auf Pfosten

In der Cordillera Central, einer Bergregion auf den Philippinen lebt u. a. das Volk der Ifugao. Es sind Bauern mit einer ausgeprägten Bindung an Grund und Boden. Ihre Felder bewirtschaften sie in der arbeitsaufwendigen Methode des Terrassenfeldbaus. Bekannt sind die Reisterrassen der Ifugao. Das Bodenständige dieser Menschen zeigt sich auch an der Art, wie sie ihre Häuser, die Bale, errichten. Sie werden auf mehrere kräftige Pfosten gebaut, wobei sich der Hauptteil des Hauses ungefähr 1,80 m über dem Boden befindet. Der Grundriß ist meistens quadratisch und der Korpus des Hauses erinnert an eine Schachtel. Das Dach ist pyramidal und über die Ecken tief heruntergezogen. Dadurch wird ein breiter Bereich der Umgebung mit überdacht. Die Außenansicht erweckt den Eindruck, als handelte es sich um ein Nurdachhaus, denn das Dach aus Runostengeln (einer Grasart), reicht bis zur Höhe der Fußbodenplattform hinab. Dieses Dach bietet nicht nur einen vorzüglichen Schutz gegen Regen, Wind und Hitze, man spart auch gleichzeitig die Verschalung der Wände des oberen Stockwerkes. Der schachtelartige Hauptraum in der Mitte ist durch starke Bretter aus Bergkiefer umgeben. Der Boden besteht aus kräftigen Bohlen, die an der Grundkonstruktion befestigt sind. Die Zwischendecke über dem Wohnbereich ist gleichzeitig der Boden des Dachgeschosses und besteht meistens aus einem Bambusgeflecht. Das Haus ist nur über eine Bambusleiter zu erreichen. Wenn niemand zu Hause ist, liegt die Leiter quer vor dem verschlossenen Eingang. Im Schatten unter dem Haus gehen die Bewohner ihren alltäglichen Arbeiten nach: Korbflechten, Weben, Zimmern etc. Dort ist auch der Aufenthaltsort der Nutz- und Haustiere, vor allem

Schweine, Hühner und Hunde. Gekocht und geschlafen wird im mittleren Teil, dem Hauptraum, während im Dachgeschoß, dem Speicher, die Reisvorräte lagern. Diese vertikale Dreigliederung steht nach Auffassung der Ifugao in Beziehung zu kosmischen Sphären. Der Vorratsraum ganz oben ist den Gottheiten geweiht, die für die Vermehrung der Nahrungsmittel Sorge tragen. Der mittlere Teil ist den Menschen vorbehalten, während der untere Teil, zwischen den Pfosten, mit der Unterwelt assoziiert. Den Bewohnern fällt die Aufgabe zu, die Kräfte des Bales im Gleichgewicht zu halten. Dies geschieht u.a. durch Opfergaben an die Verantwortlichen der Ober- und Unterwelt. Das Bale ist ein aufwendiges Haus und nicht für alle erschwinglich, auch wenn die ganze Dorfgemeinschaft einem jungen Paar bei der Errichtung hilft. Alle fünf Jahre benötigt es ein neues Dach, wobei wieder alle mit anpacken. Die Menschen achten sehr darauf, daß ihr Haus in gutem Zustand gehalten wird. Dann kann es mehrere Generationen überdauern. Die Wohlhabenden schmücken ihre Bale mit geschnitzten Ornamenten, Wasserbüffelhörnern und Schweineschädeln. Das soll die Opferbereitschaft und die soziale Moral der Hausbesitzer für alle sichtbar machen.

Bau eines kleinen Bale

Als Modellhäuschen sowie zum Einrichten und Spielen mit Spielfiguren (siehe Vorschläge).
Grundkenntnisse im Umgang mit Säge und Bohrer sind erforderlich.

Material:
- Holzplatte (Grundplatte) ca. 30 x 30 cm, 2 cm dick.
- 4 Rundhölzer (Grundpfosten), 9,5 cm lang, 1 cm Durchmesser.
- 2 dünne Holzplatten (Fußboden und Decke), je 17 x 17 cm, 0,3 cm dick, aus Sperr- oder Balsaholz (Bastelgeschäft).
- 6 Rundhölzer (4 Eckpfosten und 2 Türpfosten), 9,5 cm lang, 0,5 cm Durchmesser.
- 1 Rundholz (Mittelpfosten) 20 cm lang, 1cm Durchmesser.
- Dünne, schmale Brettchen zum Verschalen des Hauptraumes aus Sperr- oder Balsaholz.

Material Dach:
- 4 Rundhölzer oder Leisten, 27 cm lang, 1 cm Durchmesser (Eckhölzer des Dachgerüstes), Sperr- oder Balsaholzbrettchen als Dachlatten.
- Schilf (z.B. vom Gartenteich), Pampasgrashalme, Streifengras oder harte, lange Grassorten von der Wiese zum Decken des Daches.
- Große Blätter (z.B. Sonnenblumenblätter) zum Unterlegen der Schilfabdeckung.
- Weiden- oder Haselnußruten zum Fixieren der Schilfmatten.
- Ein wenig Ton oder Knetwachs für die Dachspitze.

Werkzeug:
Säge, Bohrer, Seitenschneider, Gartenschere, Schraubzwingen, evtl. Nähmaschine.

Abb. 37: Bale-Konstruktion

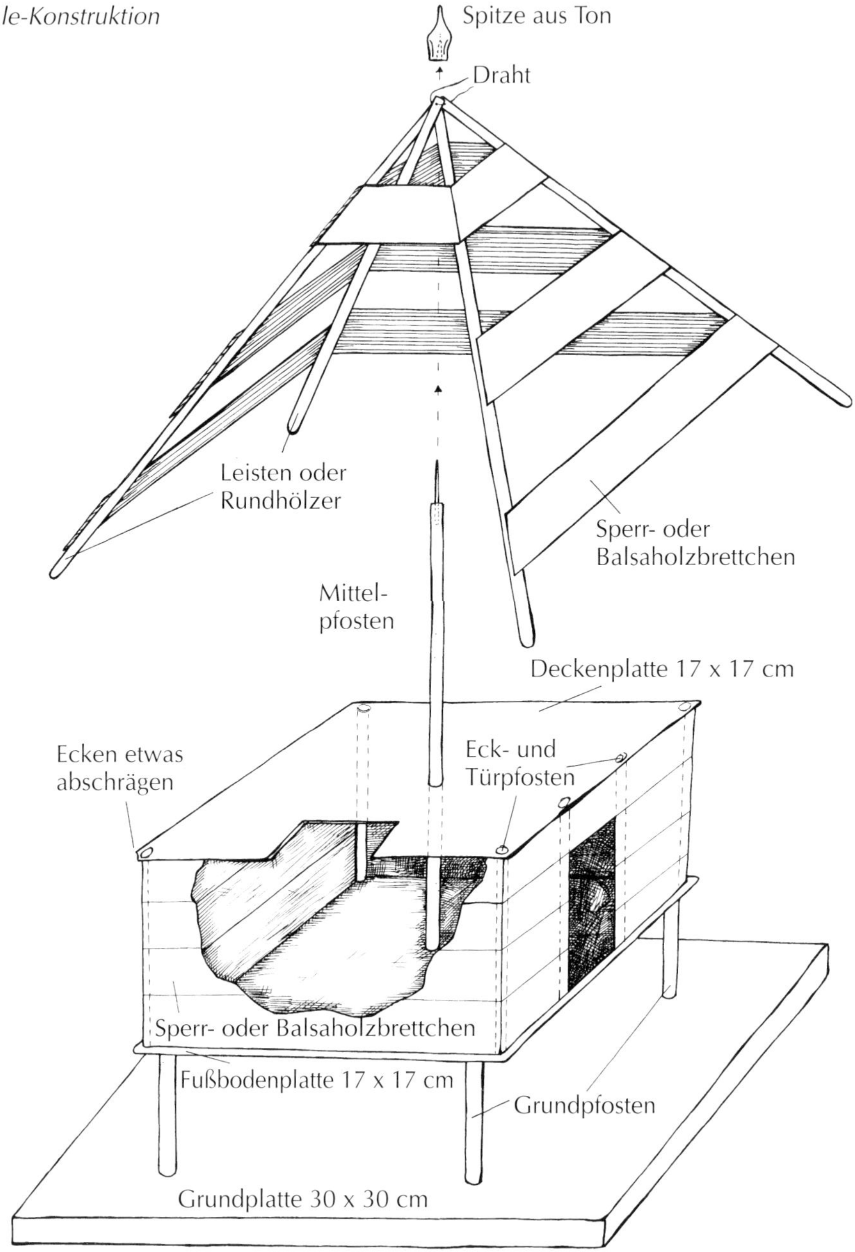

Hilfsmittel:
Holzleim, Bindedraht, breites Paketklebeband, Stoffstreifen (Breite etwa wie Klebeband).
Bei schneidenden Grassorten unbedingt Handschuhe tragen!

Und so wird's gemacht:
Maße und Aufbau der Skizze entnehmen.

Korpus:
- Auf die Grundplatte ein Quadrat von 16,5 cm Seitenlänge anzeichnen. An den Eckpunkten 4 Löcher, ca 0,5 cm tief bohren und die Eckpfosten hineinleimen.
- Die beiden dünneren Platten (Fußboden und Decke) genau übereinander legen und mit Schraubzwingen zusammenhalten. Ebenfalls ein Quadrat von 16,5 cm Seitenlänge anzeichnen und die vier Eckpunkte durchbohren (Bohrdurchmesser 0,5 cm). Dort, wo der Eingang gewünscht wird, zusätzlich zwei Bohrungen zum Einleimen der beiden Türpfosten anbringen. Anschließend beide Platten genau in der Mitte durchbohren (Bohrdurchmesser 1 cm) zum Durchschieben des Mittelpfostens.
- In die Deckenplatte eine Aussparung , in unserem Beispiel ca. 5 x 4 cm, für die Leiter zum Dachgeschoß hineinsägen. Des weiteren die vier Ecken der oberen Platte leicht abschrägen, da hier später die Dachpfosten aufliegen sollen.
- Die entsprechenden, zugeschnittenen Rundhölzchen (4 Seitenpfosten, 2 Türpfosten) in die Bohrlöcher leimen.
- Wände mit den zugeschnittenen Sperr- oder Balsaholzbrettchen verschalen, gegen die Eckpfosten sowie aneinander leimen.

Aufgepaßt! Den Eingang sowie eine Seitenwand, am besten die, an der die Leiter zum Dachgeschoß hochführt, aussparen.

Abb. 38: So sieht das Dach von innen aus. Davor angefangenes Gewebe für eine Hängematte.

Abb. 39: Das Bale mit abgenommenem Dach.

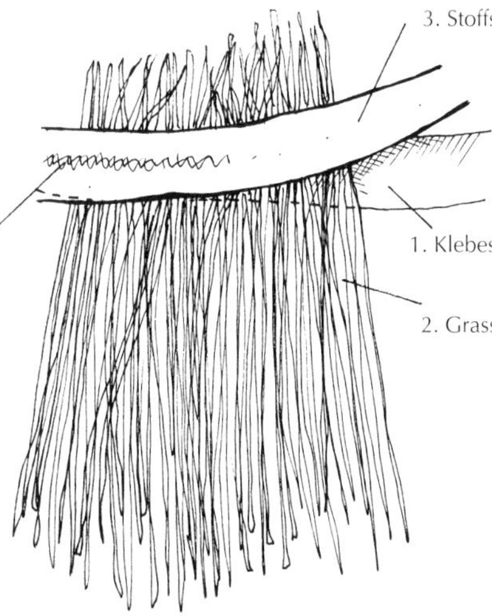

Abb. 40: Herstellen der Gras- bzw. Schilfmatten zum Decken des Daches.

- Diese «Schachtel» auf die vier Grundpfosten leimen.
- Mittelpfosten hineinleimen. In den Mittelpfosten ein kleines Loch bohren, so daß ein Zahnstocher o.ä. (Dachspitze) hineinpaßt.

Dach:
- Das Dach bleibt abnehmbar, so kann man das Bale besser einrichten.
- Die 4 Rundhölzer oder Leisten (je 27 cm lang) oben durchbohren und einen Draht durchziehen.
- Dieses Gestell auseinander biegen und auf den fertigen Korpus setzen. Dabei wird der Drahtring, der sich beim Verbinden der vier Leisten gebildet hat, über den Zahnstocher geschoben.
- Abmessen, wie lang die Dachlatten, in unserem Beispiel wurden pro Dachseite drei Latten aufgeleimt (siehe Foto), sein müssen. Aufpassen, daß dabei nichts verrutscht. Auf Wunsch eine Dachseite frei lassen.
- Als Unterlage für die Schilfabdeckung große Blätter (getrocknet und geglättet) auf das Dachgerüst kleben oder binden.
- Das Gras oder Schilf auf die gewünschte Länge zurechtschneiden und auf einem Klebeband dicht an dicht anordnen. Vorher am Dach ausmessen, wie lang das Klebeband sein muß, damit die spätere Schilfmatte auch um das Dach herumreicht.
- Über Klebeband und ausgebreitetem Schilf einen Stoffstreifen legen und mit Stecknadeln feststecken.
- Am besten mit einer Nähmaschine einige Male mit dem Zickzackstich hin- und hernähen. Klebestreifen anschließend abreißen.
- Insgesamt zwei Matten herstellen.
- Zuerst die untere Matte mit Bindedraht an den Dachlatten befestigen, dabei wird auch durch die großen Unterlage-Blätter gestochen. Dann die obere Schilfmatte, sie sollte die untere um ca. 8 cm überlappen, ebenso anbringen.
- Mit dünnen Weiden- oder Haselnußruten die Matten zusätzlich von außen fixieren (Bindedraht). Bei der oberen Schilfmatte verdecken sie gleichzeitig die Naht.
- Zuletzt aus etwas Ton oder Knetwachs eine kleine, dekorative Figur formen und als Abschluß auf den Zahnstocher, der oben herausragt, stecken.
- Aus Resthölzchen Leitern zusammen leimen.

Das kleine Bale kann nun, wie die Fotos zeigen, liebevoll ausgestaltet und eingerichtet werden.

Abb. 41: Philippinisches Haus (Bale) auf Pfosten. Damit man es besser «bespielen» kann, ist das Dach abnehmbar und eine Hausseite offen.

*Abb. 42:
Schweinchen (nach Karin Neuschütz) zum Philippinischen Haus, Seite 53, Originalgröße.*

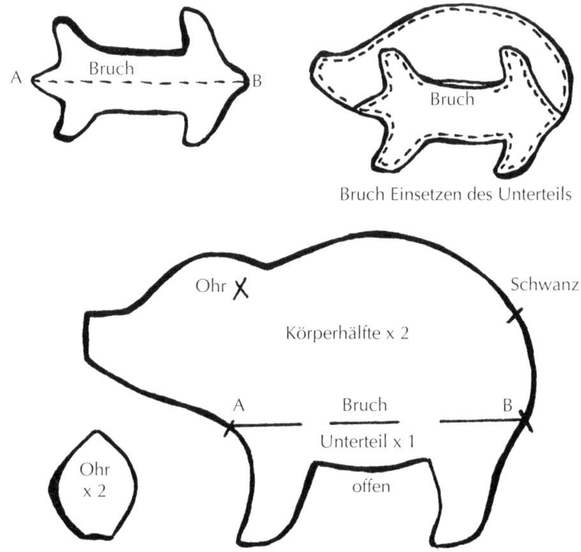

Hängematte

Einen festen Pappstreifen (siehe Abb. 38) (ca. 12 x 4 cm) versetzt einkerben – Kerbenabstand etwa 0,4 cm – und mit Baumwollfäden, z.B. dünnem Häkelgarn, bewickeln. Unten, am Anfang der Webarbeit, ein kleines Zweigende einlegen, ebenso oben, nach Fertigstellung. Den Streifen beweben, wie es die Abbildung zeigt. Zum Schluß auf der Rückseite des Pappstreifens die Kettfäden durchschneiden und dicht an den eingelegten Stöckchen verknoten. (Siehe auch Satteldecke, Seite 31).

Schweinchen

aus «Stofftiere» von Karin Neuschütz
Material:
Rosa Filz, etwas ungesponnene Wolle, einen rosa Wollfaden (Schwänzchen).
Musterteile abpausen, auf dem doppelt gelegten Filz feststecken und aufzeichnen. Weiterhin ein Unterteil und zwei Ohren aufzeichnen. A und B auf den Körperhälften markieren. Mit 0,3 - 0,5 cm Nahtzugabe zuschneiden. Die Ohren benötigen keine Nahtzugabe. Körperhälften rechts auf rechts legen, zusammenstecken und von A am Rüssel entlang bis B nähen. Dann die Beine der einen Körperhälfte nach oben klappen, das Unterteil rechts auf rechts darauflegen, feststecken und an allen vier Beinen entlang nähen, wobei jedoch die Bauchnaht auf der einen Seite zum Wenden offengelassen wird. Nach dem Wenden wird das Schweinchen mollig rund ausgestopft und die Öffnung geschlossen. Die *Ohren* der Länge nach etwas kniffen und annähen. Sie können nach hinten flattern oder sonstwie gewinkelt sein. Bleistiftpünktchen deuten die *Augen* an. Den *Rüssel* mit einem dünnen Stäbchen leicht eindrücken, daß sich eine Delle bildet. Den *Schwanz* aus einem rosa Wollfaden einziehen und zwischen den Fingern zwirbeln bis er sich kringelt.

Abb. 43: Prächtige Tipis in der Prärie.

Wohnstätten der Indianer

Das weise alte Volk der Indianer, die Ureinwohner des amerikanischen Kontinents, gliedert sich in viele Gruppen. Obwohl sie sich in Sprache und Kultur zum Teil sehr voneinander unterscheiden, ist ihnen doch eines gemeinsam: Die Ehrfurcht vor der Natur und allem was in ihr existiert. Die Steppe, die dem «weißen Mann» öd und leer vorkam, war für den Indianer voller Leben und Mythen. Die verschiedenen Wohnstätten der Indianer, Wigwams, Tipis, Hogans usw., stellten für sie die Welt im Kleinen dar und wurden auch als religiöse Räume betrachtet.

Tipis

Das Tipi, Wohnung der Prärieindianer Nordamerikas, war ein ebenso einfaches wie zweckmäßiges Heim. Über die kegelförmig zusammengestellten Stangen aus Nadelbaumholz, auf leicht eiförmigem Grundriß, wurde eine Büffelhautplane gezogen und gespannt. Für ein normales Familientipi benötigte man durchschnittlich fünfzehn Häute. Die Bearbeitung der Felle erfolgte in Gemeinschaftsarbeit und war Sache der Frauen. Das Zusammennähen geschah unter der Aufsicht einer sehr erfahrenen Frau. Um die Plane zu konservieren und wasserdicht zu bekommen, wurde sie aus-

giebig geräuchert. Das Leder alter, unbrauchbar gewordener Tipis diente später zur Herstellung von Mokassins. Als im Laufe der Zeit die Büffelhäute immer seltener wurden, fertigte man die Tipiplanen aus gekauften Baumwollstoffen an. An die Qualität der früheren Tipis reichten diese nicht mehr heran. Im Winter kamen Felle zwischen Stangen und Plane. Zur Belüftung konnten Teile der Plane hochgerollt werden. Als Rauchloch dienten die aufgestellten «Ohren» an der Spitze des Tipis, die nach dem Winde gerichtet werden konnten.
Die Indianer sahen in ihrem Tipi nicht nur ein Heim, es war gleichzeitig auch ein heiliger Ort, an dem sie ihre Gebete verrichteten. Dazu verbrannten sie auf einem einfachen kleinen Steinaltar, der in keinem Tipi fehlte, wohlriechende Kräuter. Die Wände waren Sinnbild für den Himmel, der kreisförmige Boden symbolisierte die Erde. Die Malereien und Ornamente, die die Tipiplanen außen wie auch innen schmückten, hatten natürlich nicht nur dekorative Zwecke. Vielmehr gaben sie Aufschluß darüber, welche Verdienste sich die Besitzer im Laufe ihres Lebens erworben hatten und welcher Heldentaten sie sich rühmen konnten. Die Ornamente verrieten auch, zu welchem Clan die Bewohner gehörten und welches Ansehen sie innerhalb dieses Clans genossen. Darstellungen von Geistern der Ahnen fanden sich ebenfalls darauf. Manchen Zeichen wurde magische Bedeutung beigemessen, etwa böse Mächte fernzuhalten oder heilende und harmonisierende Kräfte zu aktivieren.
Wenn die Indianer weiterzogen, nahmen sie ihr Heim einfach mit. Es dauerte keine Stunde und das Tipi war wieder aufgebaut.

Tipi-Modell

Nach diesem Schnitt können übrigens Tipis in allen Größen, bis hin zur Originalgröße angefertigt werden. Als Grundgerüst eignen sich in dem Fall z.B. 4-5 Bohnenstangen, die in den Boden gerammt werden. Weitere 5-7 dünnere Stangen werden nur dagegen gelehnt. Als Plane verwendet man dann am besten Markisenstoff und bemalt ihn mit Stoffmalfarben. Der hält sogar einem Regenguß stand.
Um solch ein kleines Tipi aus Leder herzustellen, sollte man sich Zeit nehmen und folgendes Material besorgen:
7 - 10 stabile, möglichst gerade Zweige oder Stöckchen, 60 - 70 cm lang; 1 Weidenrute, ca. 160 cm lang (bzw. 2 mit je 90 cm Länge); einige kürzere Stöckchen; 2 große Fensterleder (gibt es in Autozubehör- und Haushaltswarengeschäften); wasservermalbare Farbstifte (Aquarellstifte) oder Stoffmalfarben; Nadel, Bast und stabilen Faden. Wer sein Tipi im Freien aufbaut, braucht keine Weidenrute, dafür aber viele kleine Holzpflökke (ca. 4-5 cm lang), mit denen das Tipi am Boden angepflockt wird.

Und so wird's gemacht:
Aus der Weidenrute einen Kreis mit einem Durchmesser von 45 - 48 cm formen und mit Bast gut zusammenbinden. Die Stangen auf diesem Grundriß kegelförmig aufstellen und oben zusammenbinden. Anschließend die Stangen an dem Weidenring mit Bast befestigen.

Tipiplane:
Aus Papier den halbkreisförmigen Planenschnitt nach den Maßen der Zeichnung anfertigen. Die Fensterleder entsprechend zurechtschneiden und zur Orientierung auf dem Schnitt anordnen. Meistens muß gestückelt werden. Um die Form

gut herauszubekommen, ist es nötig, Keile einzupassen. Alles mit Stecknadeln fixieren und zusammennähen. Anschließend wird die Plane bemalt. Dazu kann man sich von den vorgeschlagenen original indianischen Motiven etwas aussuchen oder auch eigene Muster erfinden. Beim Bemalen die wasservermalbaren Farbstifte immer wieder anfeuchten und anspitzen.

Aus den dünnen Stöckchen 7 - 9 kleine Pflöcke (4 - 5 cm lang) zurechtschneiden und beidseitig anspitzen. Damit wird das Tipi zusammengesteckt (Löcher in das Leder einschneiden). Die Plane mit Lederbändern oder Bast unten an dem Weidenring anschnüren. Aus einem Lederrest eine schön verzierte Tür herstellen. Sie verdeckt den runden Tipi-Einstieg. Zum Schluß die Stangen an den Lüftungsklappen befestigen.

Abb. 44:
Blick ins Innere. Man erkennt die Konstruktion aus Weidenruten.

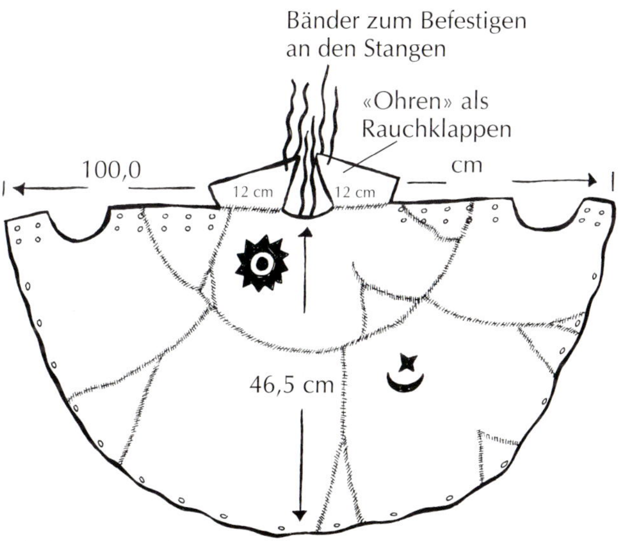

Abb. 45a : Tipi-Plane. Schnitt mit den Maßen der abgebildeten Spiel-Tipis.

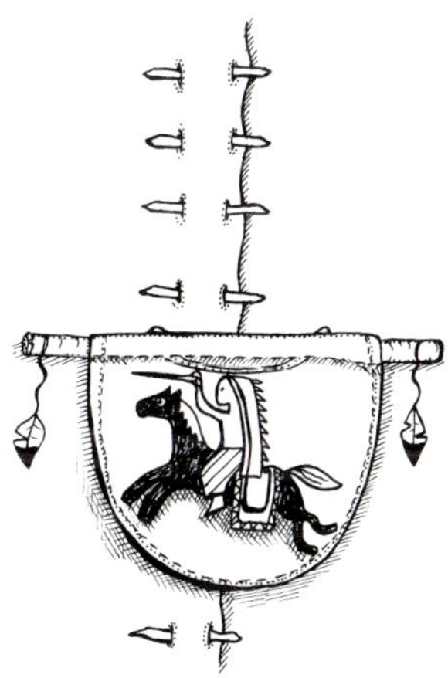

Abb. 45b: Vorschlag für eine bemalte Tipi-Tür.

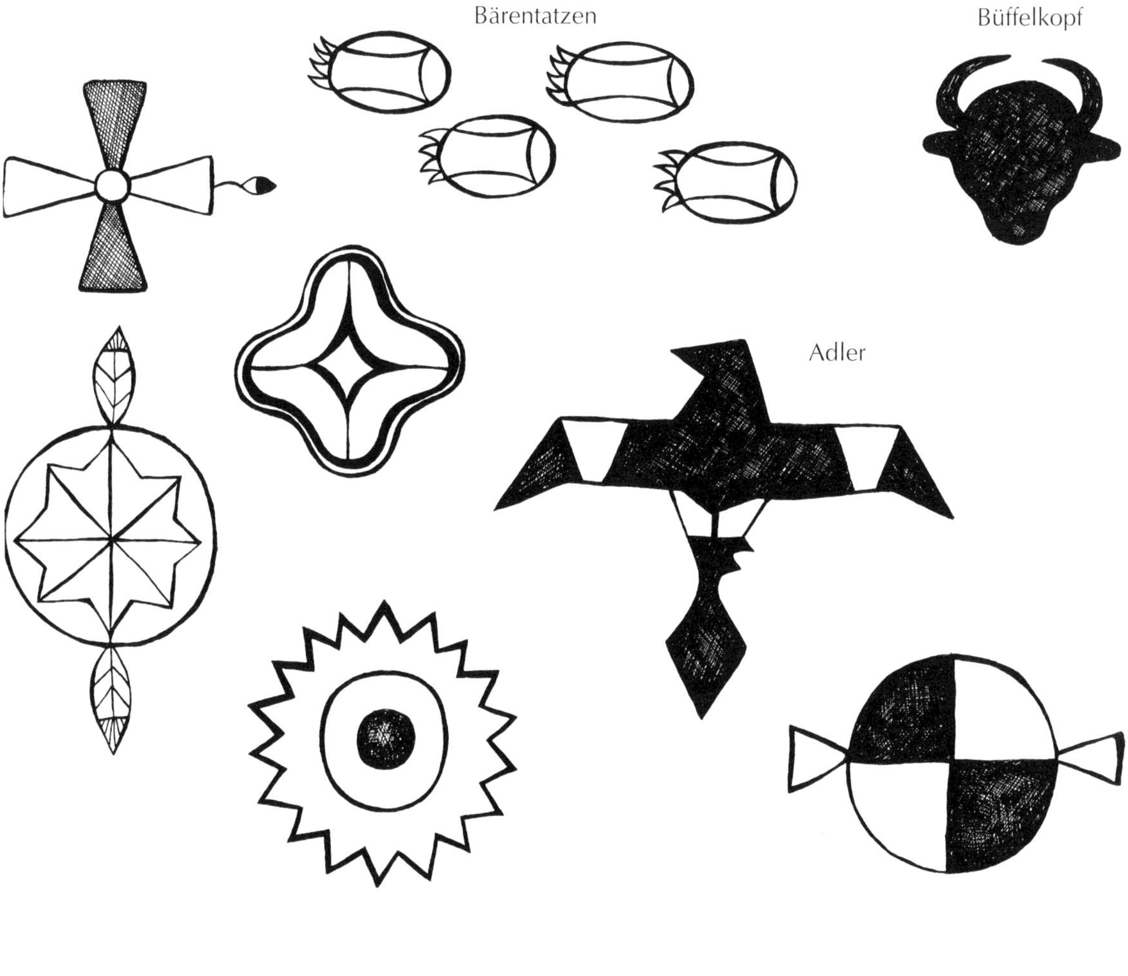

Abb. 46:
Indianische Motive. Vorschläge zur Bemalung der Tipi-Plane.

Abb. 47:
Bemalte Spieltipis aus Fensterleder; die Arbeit von zwei Jungen, 9 und 10 Jahre alt.

Die abgebildeten Tipis haben zwei Jungen, 10 und 9 Jahre alt, hergestellt. Dabei wurden sie bei den schwierigen Arbeiten von ihren Müttern unterstützt. Der ganzen Aktion war ein Besuch im Völkerkundemuseum vorausgegangen. Dort war z.B. ein echtes Spieltipi indianischer Kinder in der Größe der hier abgebildeten, ausgestellt. Dieses Tipi war unten ebenfalls an einem Holzreifen befestigt worden. Die Muster zum Bemalen haben die Kinder z.T. aus verschiedenen Indianerbüchern herausgesucht, z.T. selbst erfunden.

Abb. 48a: Dreamcatcher, Maßstab 1:1.

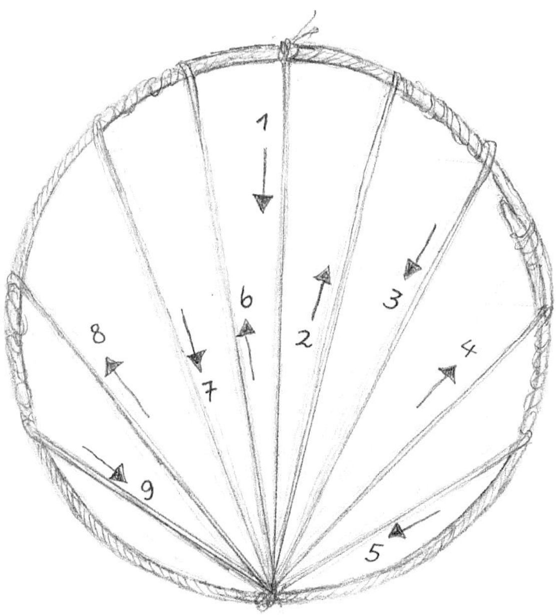

Dreamcatcher

Die Indianer maßen ihren Träumen sehr große Bedeutung bei, das ist zum Teil auch heute noch so. Um böse Träume fernzuhalten, hängten sie sich Dreamcatcher, Traumfänger, in ihre Tipis. In dem Netz dieser Traumfänger bleiben schlechte Träume hängen und können nicht zu den Schlafenden gelangen. Heute stellen die Indianer Traumfänger auch als Souvenirs her. Wer also häufig von Alpträumen geplagt wird oder dem vorbeugen möchte, versuche es einmal mit einem indianischen Dreamcatcher.

Und so wird er hergestellt:
Man besorge sich 3 m Sehne. Da echte Sehne schwer zu beschaffen und auch schwer zu verarbeiten ist, greife man auf Kunstsehne, Seidenfäden oder, wie in unserem Beispiel, auf gewachste Zahnseide zurück. Dann braucht man noch 20 große Glas- oder Keramikperlen, einige schöne Federn, einige kleine Glasperlen, weiche Lederbänder (können vom Fensterleder abgeschnitten werden) und eine biegsame Weiden-, Birken- oder Haselnußrute, ca. 40 cm lang und nicht zu dick.
Aus diesem Zweig einen Kreis formen und mit einem Stück Sehne oder Bast so zusammenbinden, daß die überlappenden Enden des Zweiges schön liegen.
Ca. 1,80 m Sehne daran knoten und 9 Schnüre ziehen wie auf Abb. 48a.
Dann mit derselben Sehne von unten ein Stück hochweben (Abb. 48b).
Die Sehne dann, wie Abb. 48c zeigt, von rechts unten nach oben ziehen (1), nach links unten (2) und wieder zurück (3 u. 4). Die Sehne nach unten ziehen und festknoten.
Den Kreis nun mit Lederband dicht umwickeln. Dazu das Lederband oben ca. 4 cm hängen lassen, wickeln, und mit dem Ende fest verknoten.

3 Lederbänder in unterschiedlicher Länge unten anknoten, je 5 Perlen auffädeln, zuknoten, und unter die letzte Perle eine Feder stecken.
Oben ein längeres Lederband anknoten. Wieder 5 Perlen auffädeln und ganz oben eine Schlaufe zum Aufhängen knoten.
Für die obere Mitte noch einige der kleinen Perlen auf einen Faden ziehen und drei Perlenketten unterschiedlicher Längen anknoten.

«Zuletzt machte Manitu den Menschen. Obwohl er der letzte und von allen Wesen das hilfloseste war, empfing der Mensch die größte Gabe – die Fähigkeit, zu träumen.»

(Indianische Weisheit)

Abb. 49: Fertige Dreamcatcher, die böse Träume auffangen sollen.

Abb. 48b

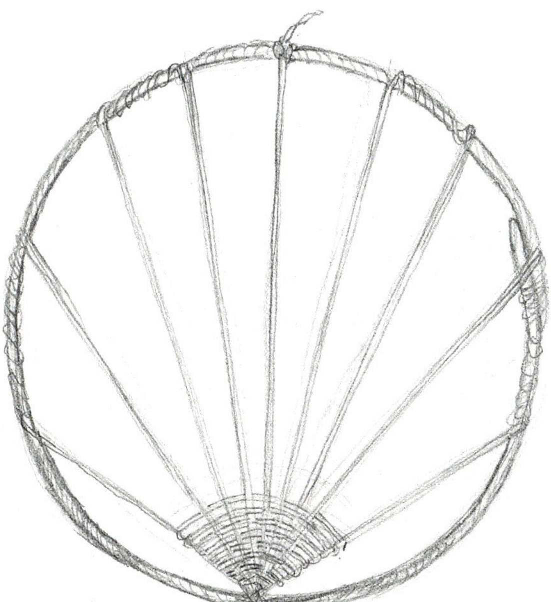

Abb. 48c

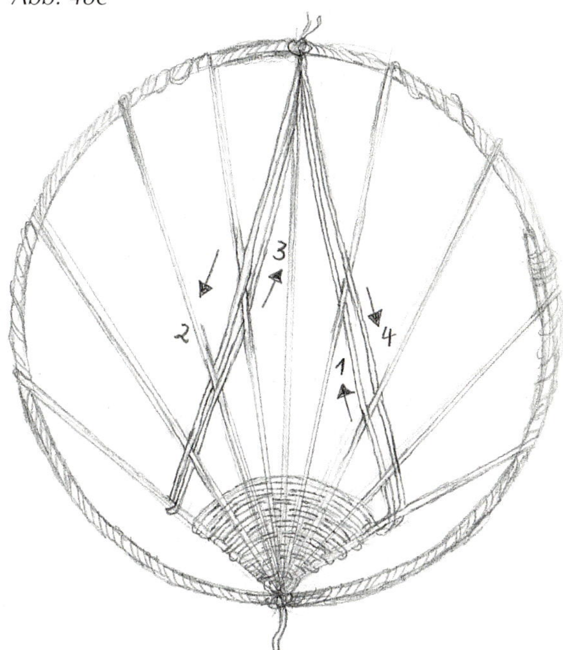

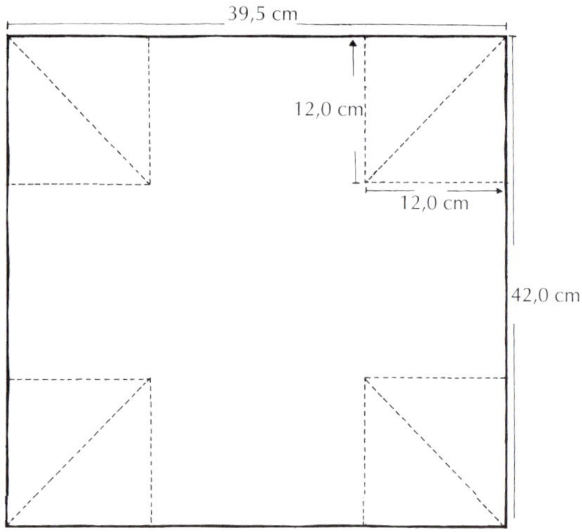

Baskcontainer

Aus Birkenrinde falteten die Indianer praktische Behälter und Schalen. Manche dieser Baskcontainer oder «Mokoks» wurden zusätzlich mit schönen Ornamenten bemalt. Wie man einen solchen Behälter faltet, zeigt die Skizze. Anstelle von Birkenrinde verwenden wir starkes Papier oder Leder.

Abb. 50:
Baskcontainer (Mokok). Eine von vielen Möglichkeiten einen Baskcontainer zu falten.

Abb. 51:
Bemalte Baskcontainer, aus kräftigem Papier hergestellt.

Abb. 52:
Pueblo-Siedlung aus Adobe-Steinen erbaut.

Pueblos
(span. Dorf, Volk)

Die wüstenhaften Regionen New Mexikos, Colorados und Arizonas sind seit Urzeiten die angestammte Heimat der Hopi- und Zuniindianer aber auch anderer, weniger bekannter Gruppen wie der Havasupi oder der Pima und Pagoda. Sie alle zählen zu den Puebloindianern.
Die Architektur der Hopi ist im vorkolumbischen Nordamerika einzigartig. Die Entwicklung des Hausbaus kann über zwei Jahrtausende zurückverfolgt werden. Das läßt auf eine lange bäuerliche Seßhaftigkeit schließen. Es gibt heute noch Siedlungen, die seit mindestens 1000 Jahren ununterbrochen bewohnt sind. Ihre kleinen Gärten bestellten die Puebloindianer unten auf den Talsohlen der Canyons. Dort kultivierten sie Mais, Kürbisse und Bohnen. Die würfelförmigen Häuserkomplexe umfassen oft mehrere Stockwerke und sind aus Adobe-Stein erbaut. Adobe-Steine werden aus einem Lehm-Strohgemisch angefertigt und an der Sonne getrocknet. Die Stockwerke sind durch Leitern miteinander verbunden und teilweise nur vom Dach aus zu erreichen. Die Dachkonstruktion besteht aus kräftigen Balken. Darauf verteilt man eine Lage Reisig und bedeckt das Ganze mit Lehmputz. Um Hitze und Staub von den Innenräumen fernzuhalten, fehlten früher im Erdgeschoß oftmals Fenster und Türen. Zu jeder Wohnanlage gehört ein zeremonieller Gebets- und Versammlungsraum, Kiva genannt. Er befindet sich

Abb. 53: Die einzelnen Stockwerke der Kastenhäuser waren durch Leitern miteinander verbunden.

Abb. 54: Blick auf den «Nabel» in einer Kiva.

meistens auf dem Dorfplatz und ist ein unterirdischer Raum mit einer flachen Kuppel. Er erinnert die Indianer an ihre Ursprünge. Demnach durchwanderten sie in vorgeschichtlichen Zeiten mehrere unterschiedliche Unterwelten bis sie endlich in die Welt des Lichtes, der Tafelberge und der endlosen Halbwüsten, emporgeführt wurden. Jede Kiva hat eine kleine Einbuchtung im Boden, einem Nabel ähnlich. Sie markiert symbolhaft den ursprünglichen Ort des Emporsteigens.

Das Auftreten der Puebloindianer ist gekennzeichnet von Zurückhaltung und Würde. In allem was sie tun, gehen sie mit Maß und Ruhe vor.

Die weißgetünchten Kastenhäuser der Hopi, hoch oben auf den roten Hochplateaus (Mesas) gelegen, müssen einst einen ungewöhnlich schönen Anblick geboten haben.

Berühmt sind auch die sogenannten Cliff Dwellings im Mesa Verde Nationalpark in Colorado. Dabei handelt es sich um sehr alte Siedlungen, die schon von den Vorfahren der hier später lebenden Indianerstämme angelegt wurden. Diese Wohnanlagen liegen geschützt und versteckt unter den Felsüberhängen der Canyons.

Abb. 55:
Felix (9 Jahre) hat sein kleines Haus ganz aus Ton gebaut. Es erinnert an ein «Pueblohaus».

Abb. 56:
Unter höhlenartigen Felsüberhängen der Canyons angelegte Siedlungen. Sie wurden von den Vorfahren der später hier lebenden Indianerstämmen errichtet und sind bereits seit 700 Jahren unbewohnt.

Maisbrei mit Beeren
(nach indianischer Art)

50 g Maisgrieß oder Maismehl
1/2 l Milch, etwas Honig, Beeren der Saison
Die Milch zum Kochen bringen und das Maismehl hineinrühren. Unter ständigem Rühren 10-12 Minuten leicht kochen. Mit Honig süßen und zuletzt die Beeren, wenn möglich frische, darunterheben.

Die Indianer kochten das Maismehl mit Wasser und vermischten den Brei mit Fleischstückchen. Ein weiteres Maisgericht der Indianer: gekochte, ganze Maiskörner vermengt mit anderen Gemüsen und Fleisch.

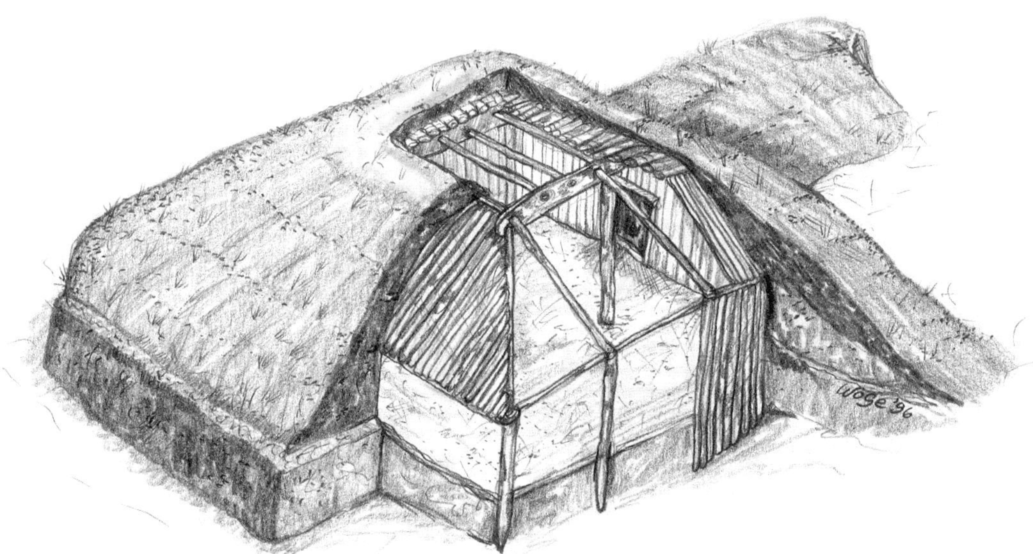

Abb. 57:
Inuit-Erdhaus aus Treibholz (aufgeschnitten)

Häuser der Inuit

In der Arktis, am Rande der bewohnbaren Welt, leben die Inuit –«Menschen» – wie sie sich selbst nennen. Auch sie gehören zu der großen Familie der Indianer. Den Namen Eskimos – Rohfleischesser – gaben ihnen die Creeindianer, mit denen sie sich nicht besonders gut verstanden. Besucher ihrer Lager berichteten wiederholt, daß Singen, Spielen, Neckereien und Streiche zu ihren täglichen Beschäftigungen gehörten. Den Humor und das Lachen setzen die Inuit ihrer trostlosen und lebensfeindlichen Umgebung entgegen. Sie haben ein ausgeprägtes Bewußtsein für den Wert des Lebens. Ihre Lebensfreude zeigen sie offen und schaffen sich damit auch ein Gefühl der Hoffnung. Ihre bekannten Schneebauten, die Iglus, bewohnen sie nur im Winter als Jagdhütten. Sie sind ein gutes Beispiel dafür, wie gut die Inuit mit ihrer Umgebung zurechtkommen, ja, wie sie die Kälte sogar nutzen: In dem neuerbauten Iglu wird eine Seehundöllampe entzündet. Dann verschließt man den Eingang. Wird er nach einer Weile dann wieder geöffnet, gefrieren durch das Einströmen der eisigen Außenluft die angetauten Nähte zwischen den Eisblöcken und schweißen sie zu einer kompakten Mauer zusammen. Wenn im Sommer die Temperaturen leicht ansteigen, werden die Iglus verlassen. Das Gleichgewicht zwischen der warmen Luft im Inneren und der Kälte draußen wird gestört und im Iglu beginnt es unangenehm feucht zu werden.

Eine andere Winterwohnung waren Erdhäuser aus Steinen und Treibholz, bedeckt mit Grassoden. Im Sommer errichteten die Inuit Zelte aus Walrippen. Zum Abdecken dienten gebrauchte Seehundhäute.

Wie man einen Iglu nach Art der Inuit baut, ist auf Seite 103 beschrieben.

«Hochwerfen», (Spiel der Inuit)
Dieses Spiel drückt den Gemeinschaftssinn der Inuit aus und wird von Groß und Klein gleichermaßen gern gespielt:
Ein Mitspieler liegt mitten auf einer mehrere Meter breiten Walroßhautdecke. Die anderen, oft 20-30 Familienmitglieder, ergreifen die Decke und wirbeln ihn immer wieder unter großem Gelächter geschickt in die Luft.
Wir können dieses Spiel im Kleinen auch spielen. Dazu nehmen wir eine große Wolldecke. Nur die «Großen» und «Starken» und die, auf die man sich verlassen kann, dürfen die Decke halten. Je kleiner derjenige auf der Decke ist, umso sanfter wird er bewegt. Die ganz Kleinen werden nur sacht geschaukelt.

5. Fantasievolle Spielhäuser

… kann man das ganze Jahr über, von Frühling bis Winter, bei gutem und bei schlechtem Wetter bauen. Dazu möchten die folgenden Beispiele anregen.
Die Schwierigkeitsgrade sind sehr unterschiedlich, so daß jeder in der Familie auf seine Kosten kommen kann. Manche der Häuschen werden schon Vorschulkindern gelingen, andere verlangen ein wenig handwerkliche Erfahrung und die Mithilfe der Eltern oder größerer Geschwister. Grundsätzlich sind alle Vorschläge in diesem Buch so gehalten, daß keine besonderen Vorkenntnisse erforderlich sind. Bei allen Anleitungen ist der Schwierigkeitsgrad jeweils durch ein Symbol und z.T. zusätzlich durch einen Vermerk im Text angegeben.

Nicht nur Kinder, die auf dem Lande leben oder einen Garten haben, finden hier viele Tips und Anregungen, sondern auch jene, denen vielleicht nur ein kleiner Balkon oder eine Fensterbank zur Verfügung steht.
Viele der beschriebenen Häuschen lassen sich vergrößern und verkleinern, gerade so, wie man sie haben möchte. Manche können sogar so groß gebaut werden, daß mehrere Kinder darin Platz finden. Die angegebenen Maße der Modelle sind nur als Anhaltswerte gedacht. Bei den kleinen Häusern ist darauf zu achten, daß sie «gut bespielbar» sind, daß also eine Kinderhand durch den Eingang paßt oder aber das Dach abnehmbar ist. Das gilt natürlich auch für die vorher beschriebenen «Häuser aus aller Welt.»

Fachwerkhäuschen aus Kartons

Zum Hineinkrabbeln für ein etwa 6-jähriges Kind.

Auf dem Kindergeburtstags- oder Faschingsfest ist z.B. ein Dorf aus solchen Kartonhäuschen, in die man richtig hineinkrabbeln oder -gehen kann, eine besondere Attraktion, besonders wenn man noch Spiele damit verbindet. Bei schönem Wetter stehen die Häuschen draußen auf der Wiese. Im Winter oder bei Regenwetter kann man sie z.B. auf dem Dachboden aufstellen und hier noch lange weiter spielen. Dann werden sie als Puppenkammern oder «geheime Treffpunkte» genutzt.

Material:
2 große, stabile Kartons
1-2 Rollen Papierklebeband
1 große Tube Alleskleber
Rauhfasertapete und Tapetenkleister
Abtönfarbe aus dem Malergeschäft
(Abtönfarben sind preiswerter als Plaka- oder Bastelfarben und erfüllen den gleichen Zweck)

In diesem Häuschen stecken zwei etwa gleichgroße Kartons mit Boden und Deckeln. Die Deckel wurden hochgeklappt und dienen als Unterbau für das Dach sowie als Giebel. In beide Kartons wurde ein Durchgang, «von Zimmer zu Zimmer», herausgeschnitten. Diese Durchgänge sollten jedoch nicht vollständig herausgetrennt werden, sondern nur seitlich und oben (Skizze). Die so entstandenen Klappen beider Haushälften wurden übereinander gelegt, die Kartons zusammengeschoben und die Klappen, die jeweils in die andere Kartonhälfte hineinragten, am Boden festgeklebt. Dabei arbeitet man von oben durch das noch offene Dach. Alle Verbindungs- und Berührungspunkte der Kartons, von allen Seiten,

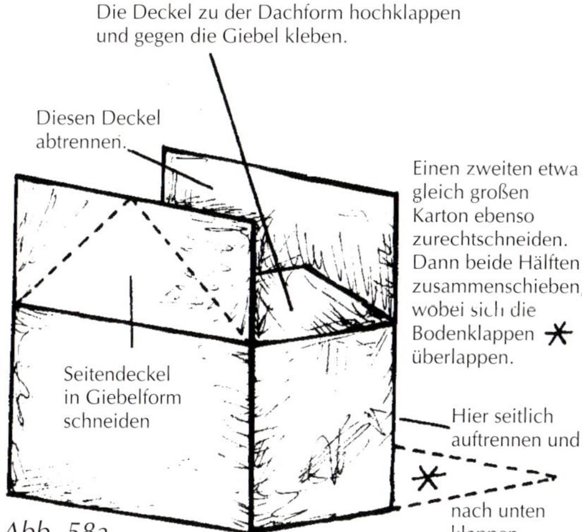

Abb. 58a

Abb. 58b

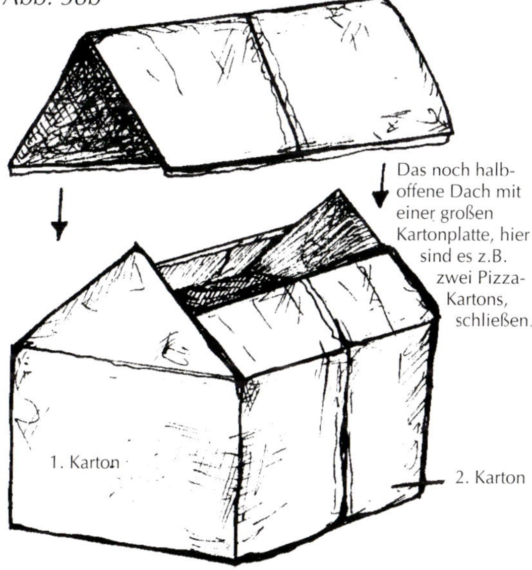

Abb. 59: Fachwerkhaus aus Kartons.

innen wie außen, mit reichlich Papierklebeband, Alleskleber und eingekleisterten Tapetenstreifen miteinander verbinden und, wo nötig, verstärken. Die Giebel an den Schmalseiten der Kartons aus den hochgestellten Deckeln dreieckig ausschneiden. Damit das Dach gut darauf paßt, sollten sie möglichst gleich sein, also ausmessen und anzeichnen. Die beiden seitlichen Deckel dann gegen die Giebelkanten kleben und aus einem weiteren großen Kartonstück das Dach herstellen. Bei dem abgebildeten Häuschen dienten z.B. zwei große Pizza- Kartons als Dach. Sie hatten schon einen Knick (First) an der richtigen Stelle und sogar Falze zum Kleben aufzuweisen. Die Pizza- Kartons überlappten die gegen die Giebel geklebten Klappen der Kartons und wurden wiederum mit viel Kleister und Papierklebeband daran befestigt. Erst als alles gut getrocknet war, wurde der ganze Kasten mit weißer Rauhfasertapete vollständig überzogen. Das Ganze mußte dann wieder eine Nacht ruhen, damit der Tapetenkleister trocknen konnte. Dann erst durften Fenster und Tür (abmessen und anzeichnen!) mit einem scharfen Papierschneidemesser hineingeschnitten werden. Die Knicke an Fensterklappen und Tür erhielten innen noch eine Verstärkung aus Tapetenstreifen, denn hier, an den «Scharnieren», werden sie ja besonders strapaziert. Fast wäre der Schornstein, hier eine rotbemalte kleine Schachtel, vergessen worden. Zum Schluß, und das war das Schönste, wurde das Haus bemalt und ausgeschmückt. Der Eingang erhielt sogar einen «Rosenbogen». Die Rosen bestehen aus Kreppapier, die Stiele aus umwickeltem Draht.

Anmerkung.:
Nicht mit Klebeband, Klebstoff, Kleister und Verstärkungen sparen. Alles sollte sehr stabil sein, denn in solch einem Häuschen, das haben wir erfahren, geht es häufig ausgesprochen turbulent zu.

Windmühle aus Karton mit drehbaren Flügeln

Zum Hineingehen für drei und mehr Kinder.

Ein großer, länglicher Karton, den uns der Zufall beschert hatte, ergab den Korpus für die Windmühle. Des weiteren wurden zwei Bögen roter Plakatkarton (aus dem Papierwarenladen) und einige große Kartonplatten verarbeitet. Achse und Lager der Flügel: Rundholzstange, hier 40 cm lang, mit einem Durchmesser von 1 cm und vier kleine, quadratische Holzscheibchen, Seitenlänge ca. 7 cm. Alles Weitere wie «Fachwerkhäuschen».

Der große Karton hatte schon die richtige Form und Größe und konnte bleiben wie er war. Da wir uns ein kuppelartiges Dach für die Mühle vorstellten, wurden oben auf den Karton drei gleiche, halbkreisförmige Pappscheiben geklebt, je eine an die Giebelfronten und eine auf die Mitte. Diese Scheiben entstanden aus separaten

Abb. 60: Aufbau des Mühlendaches

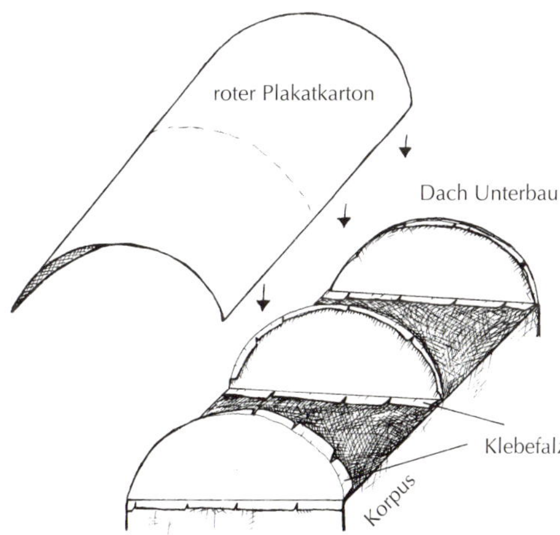

Abb. 61: Mühle und Fachwerkhäuschen aus Kartons.

Kartonplatten und wurden mit Klebefalzen aus Tapetenstreifen versehen (Abbildung 60). Die roten Plakatkartons wurden entsprechend gebogen und darauf geklebt. Dabei überlappten sie sich etwas. Dann erhielt der ganze Kasten, wie schon das Fachwerkhäuschen, einen Überzug aus Rauhfasertapete, mit Ausnahme des roten Daches aus den Plakatkartons. Die Klappen des Kartons blieben offen, denn sie dienen als Mühleneingang. Zum Schluß wurden aus langen Kartonstreifen die Flügel hergestellt. Form und Anbringung sind den Abbildungen zu entnehmen. Um ihre Stabilität zu verbessern, versahen wir sie an den Kanten mit Falzen (anreißen, aber nicht zu tief!), die an den Innenseiten mit Tapetenstreifen verstärkt wurden. Die Bereiche, wo sich die Flügel überkreuzen, erhielten ein extra Pappkreuz, das mit Alleskleber darauf geklebt und zusätzlich mit langen breiten Streifen Papierklebeband fixiert wurde. Als Lager der Flügelachse, eine Rundholzstange, dienten vier rechteckig zurechtgesägte Holzscheiben. Sie wurden mittig durchbohrt, so daß die Achse hindurchpaßte. Achtung! Nicht zu groß bohren, die Achse darf nicht zu viel Spiel haben. Zwei der Scheiben wurden vor und hinter den Flügeln, die anderen beiden am Mühlenkorpus, außen wie innen, miteinander verschraubt. Zuletzt leimten wir das eine Ende der Achse in das Lager am Flügel.

Abb. 62: Die Klappen des Kartons dienen als Tür.

Spielen mit den Kartonhäuschen

Als Mühle und Häuschen fertig draußen auf der Wiese standen, dauerte es nicht lange bis sich eine ganze Schar Kinder, kleine wie große, eingefunden hatte. Einige von ihnen fingen auch gleich zu spielen an: «Vater, Mutter und Kind», «Hochzeit» und «Wer am schnellsten die Flügel drehen kann». Als Spielzubehör waren das *Schnurtelefon* und der *Brautschleier* gut zu gebrauchen.

Schnurtelefon:
Zwei leere Joghurt- oder Sahnebecher dienen als Hör- und Sprechmuschel. In den Boden jedes Bechers ein kleines Loch stechen. Eine lange Schnur durchziehen und innen mit einem dicken Knoten versehen, fertig! Die Schnur überträgt die Schallwellen. Sie muß bei Gebrauch gespannt sein. Auch wenn man ganz leise in den Becher spricht, hört der Gesprächspartner, mit dem anderen Becher am Ohr, jedes Wort.

Abb. 63: Tüllschleier zum «Hochzeit spielen».

Brautschleier:
Einen Weiden- oder Drahtring dicht mit grünem Kreppapier bewickeln. Etwas weißen Tüll kräuseln und mit überwendlichen Stichen daran befestigen. Zum Schluß zwei Rosen aus Kreppapier anbringen.

Mühlensprache:
Die Stellung der Mühlenflügel hatte früher, vor allem in Holland und Deutschland, eine ganz bestimmte Bedeutung. Es entwickelte sich eine regelrechte «Mühlensprache» mit der wichtige Nachrichten von Dorf zu Dorf übertragen wurden. So war zum Beispiel an der Position der Flügel zu erkennen, ob in der Familie des Müllers die Geburt eines Kindes zu verkünden war, ob der Müller eine Arbeitspause einlegte oder die Mühlsteine gerade geschliffen wurden. In unserer Zeit haben die Windmühlen ja nicht mehr jene wichtige Funktion wie in früheren Zeiten. Daher ist die Mühlensprache in Vergessenheit geraten. Nur zu festlichen Anlässen werden, vorwiegend in den Niederlanden, die Flügel mit bunten Fähnchen, grünen Zweigen und Laternen geschmückt. Dabei stehen die Flügel diagonal. Man nennt das eine «Freudenschere».
Diesen alten Brauch könnten wir z.B. für ein Spiel mit unserer Pappkarton-Mühle aufgreifen und eine Art Geheimsprache entwickeln. Die «Eingeweihten» verabreden dann, was die verschiedenen Stellungen der Flügel zu bedeuten haben (siehe Beispiele).

Abb. 64 a-d: Vorschläge für eine «geheime Mühlensprache».

Baumhäuser und «Bretterbuden»

Wer einen Garten mit einem für ein Baumhaus geeigneten Baum hat, ist ein Glückspilz! Alle anderen haben vielleicht einen Abenteuerspielplatz in der Nähe, auf dem sie aktiv werden können oder Verwandte auf dem Lande, bei denen sie die Sommerferien verbringen dürfen.
Das Schönste ist natürlich ein Baumhaus, in das man sich allein oder mit den besten Freunden zurückziehen kann. Zu erreichen ist es nur über eine Strickleiter oder ein Tau, das man jederzeit einziehen kann. So hat kein «Unbefugter» die Möglichkeit, das Versteck «einzunehmen».
Die abgebildete Hütte ist ein Zwischending von Baumhaus und Bretterbude. Obwohl man es auf dem Foto nicht erkennt, wurde sie um einen abgestorbenen Baumstamm herum gebaut und auch daran befestigt. Zusätzliche Pfosten, darauf hatte der Vater bestanden, stützen das Ganze vom Boden aus. Diese zweistöckige Konstruktion hat ein «Dachgeschoß» mit einem Balkon, an dem noch gewerkelt wird. Eventuell soll hier angebaut werden. Die Fahnenstange auf dem Dach darf nicht fehlen! Mit den entsprechenden, verschiedenfarbigen Fähnchen daran, werden den Freunden Botschaften übermittelt.
Das zweite abgebildete Baumhaus ist noch im Bau. Das Wichtigste, die stabile Plattform, ist schon angebracht und liegt sehr hoch in einem wunderschönen alten Walnußbaum. Das Baumaterial muß über eine Leiter hochgeschafft werden. Später wird das Baumhaus nur noch über das lange grüne, mit Knoten versehene Tau, zu erreichen sein.
Ein «Schlösschen oder «Fort» mit Wachtürmen haben Kinder auf der Landesgartenschau in Böblingen aus Abfallbrettern errichtet.

Abb. 65:
«Zwischending» aus Baumhaus und Bretterbude.

Abb. 66:
Baumhaus im Bau; die Plattform ist schon angebracht.

Abb. 67: Eine «Burg» oder «Fort» von Kindern aus Abfallholz errichtet.

Das sollte man beachten, wenn man ein Baumhaus baut:

1. Die Plattform muß stabil und gut verankert sein, ggf. vom Boden aus abstützen.
2. Die Äste des Baumes sollten so kräftig sein, daß sie das Baumhaus schadlos tragen können.
3. Den Baum schonend behandeln!
4. Nicht zu viele Nägel verwenden und heruntergefallene gleich einsammeln.
5. Ein Erwachsener sollte, wenn es geht, mithelfen oder den Bau zumindest zum Schluß «abnehmen».

Abb. 68: Auf der Jungfernfahrt erwies sich das Floß als stabil und seetüchtig.

Abb. 69: Das Dach ist angebracht. Alles wird ein letztes Mal überprüft.

Floß mit Dach

Hier können 2-3 Kinder mitfahren.

Eine chinesische Dschunke oder ein Hausboot wie in Amsterdam konnte es leider nicht sein, aber immerhin ein «seetüchtiges» Floß mit Sonnendach.

Einen Samstagnachmittag in den Sommerferien haben zwei Jungen und ein Vater unten am Flußufer an diesem Floß gearbeitet.

Zuvor mußten sie sich um die Beschaffung des Baumaterials bemühen. Im Sägewerk am Ort schenkte ihnen ein freundlicher Mann zwei Paletten und einige Bretter, nachdem die Kinder ihm von ihrem Vorhaben erzählt hatten. Zu Hause im Schuppen standen zwei leere Kunststofftonnen mit Deckeln nutzlos herum (Inhalt etwa 100 Liter). Außerdem gab es noch zwei Bohnenstangen, einige Packriemen, eine Wäscheleine und Nägel.

Zuerst wurden die Paletten (Euronorm) zusammengeschoben und einige lange Bretter der Länge nach darauf genagelt. Nun waren die Paletten fest miteinander verbunden. Dann mußte das Ganze umgedreht werden, so daß die offenen Seiten der Paletten, eigentlich die Unterseiten, nach oben schauten. Die beiden fest verdeckelten Fässer paßten vorn und hinten genau in die Aussparungen hinein und konnten mit den Packriemen an der Floß-Plattform befestigt werden. Auf das Mittelteil nagelten die Jungen wiederum einige Bretter dicht an dicht, fertig war das Floß! Bei der Jungfernfahrt auf dem Fluß erwies es sich

Abb. 70:
Mit vereinten Kräften wird das schwere Floß den Damm hinauf geschoben.

als stabil und seetüchtig. Die beiden großen Fässer sorgten für den nötigen Auftrieb. Zwei lange Bohnenstangen dienten als Staken. Damit ließ sich das Gefährt auch gut manövrieren.
Dann wurde beschlossen, das Floß noch mit einem Baldachin zu versehen. Dazu mußte es aber unter großen Mühen erst einmal wieder an Land befördert werden. Der Vater stellte seine elektrische Bohrmaschine zur Verfügung, so daß vier Löcher für die Besenstiele, die das Dach halten sollten, gebohrt werden konnten. Kleine Stofflappen stabilisierten die Besenstiele in den Bohrungen. Schließlich wurde ein großes Bettlaken wie ein Baldachin darüber gespannt. Mit vereinten Kräften galt es nun, das Floß erst über den Flußdamm und dann langsam die Böschung hinunter wieder zu Wasser zu bringen. Zum Glück waren zwei Helfer zur Stelle. Der Stärkere hielt oben die Wäscheleine, die zuvor am Floß befestigt worden war und achtete darauf, daß es ganz langsam, ohne zu kippen in den Fluß glitt. Die Wäscheleine wurde später zum Flußaufwärtsziehen wieder benötigt.
Nach all den Anstrengungen genossen es Lukas und Constantin, sich flußabwärts treiben zu lassen. Dabei hatten sie ein kleines Wehr zu überwinden und darauf zu achten, den Kurs zu halten. Die Rückreise, gegen den Strom, erwies sich allerdings wieder als recht anstrengend, denn das Floß mußte nun von beiden Uferseiten aus flußaufwärts gezogen werden. Übrigens sollten alle zukünftigen Floßfahrer mindestens so gute Schwimmer sein wie diese beiden, denn man kann leicht über Bord fallen!
Da dieses Floß durch die Paletten sehr schwer ist, braucht es einen Liegeplatz unten am Fluß oder See. Es erwies sich als ein ausgesprochen mühsames Unterfangen, es die Flußböschung

Abb. 71: Es geht flußabwärts.

hinauf zu bugsieren. Lukas und Constantin würden das nächste Mal eine etwas leichtere Konstruktion wählen, z.B. jene, die wir kürzlich auf einem Waldsee schwimmen sahen und auf der sich vier Kinder vergnügten. Der Schwimmkörper ihres Floßes bestand aus mehreren, gut verschlossenen Kunststoffkanistern mit einem Fassungsvermögen von je ca. 5 Litern. Die Kinder hatten sie aus einer Großküche bekommen, einst war Salatsoße oder etwas ähnliches darin gewesen. Mit mehreren Wäscheleinen wurden diese Kanister dann längs und quer miteinander verbunden und verzurrt, so daß sie dicht an dicht nebeneinander lagen und aussahen wie ein Ponton. Ein großes altes Brett, früher die Rückwand eines Schrankes, kam als Plattform darauf. Um Plattform und Kanister war wiederum reichlich Wäscheleine kreuz und quer sehr fest gewickelt worden. Bei dem Unterfangen hatte ein Erwachsener mitgeholfen. Nach jeder Fahrt prüfte er auch, ob noch alle Seile festgezurrt waren. Unsichere Schwimmer haben auf einem solchen Floß nichts zu suchen, es sei denn sie tragen Schwimmwesten!

Abb. 72: An einem schönen Sonntagmorgen saß Linda, mit einer Puppe auf dem Schoß, in der Laube.

Abb. 73: Im August hatte die Kapuzinerkresse die Laube in eine grüne Höhle verwandelt.

Große berankte Weidenlaube

Zu gebrauchen als Sommerlaube, Räuberhöhle, Puppenhaus, Schlößchen etc.
Mit Raum für 2 Kinder. Hat man mehr und längere Weidenruten zur Verfügung, kann die Laube auch vergrößert werden.

Grundriß:
Kreis mit einem Durchmesser von 1,20 m
Material: 80 Weidenstecken, je ca. 1,70 m lang
Die Weidenruten von den dünnen Seitenzweigen befreien und, falls sie nicht mehr saftig und biegsam sind, zwei Tage lang gründlich wässern (Badewanne). Die abgeschnittenen Zweige für andere «Bauwerke» aufbewahren.
Um einen runden Grundriß anzureißen, bedienen wir uns eines großen «Zirkels» (Skizze, S. 81): Zwei Pflöcke mit einer etwa 60 cm langen Schnur miteinander verbinden. Den einen

Abb. 74: «Wacholderhöhle» in der Provence.

Pflock in den Boden stecken (Mitte), mit dem anderen einen Kreis beschreiben (in den Boden ritzen). Die Schnur währenddessen gespannt halten. Die Weidenruten etwa 10- 15 cm tief und in gleichen Abständen in die Erde stecken, oben kuppelförmig biegen und, wie bei der Himbahütte, Seite 33 beschrieben und skizziert, miteinander verweben und verflechten. Das Ganze wird haltbarer, wenn man zusätzliche Zweige und Ranken mit einwebt. Nach etwa 3 Stunden Arbeit ist die Laube spielbereit. Solange sie noch nicht berankt ist, kann ein großes Tuch oder ein Wollfilz (siehe Yurte, Seite 45) als Dach dienen. Zum Beranken wurde in diesem Beispiel Kapuzinerkresse rund um die Weidenstecken ausgesät. Durch ihr schnelles Wachstum hüllte sie die Laube bald in üppiges Grün. Die leuchtend orangefarbenen Blüten der Kapuzinerkresse sind übrigens eßbar und eine schöne Dekoration für jede Salatschüssel. Andere schnellwachsende und außerdem «nahrhafte» Rankpflanzen sind z.B. Feuerbohnen und Schalenerbsen. Wir werden unsere Hütte mehrere Jahre an ihrem Platz belassen und jedes Frühjahr eine andere Schlingpflanze daran hochwachsen lassen. Im Laufe der Zeit wird sie durch das Geflecht der Ranken immer dichter werden.

Anmerkung:
Wer Glück hat, findet vielleicht eine von der Natur geschaffene grüne Laube. Die Wacholderhöhle (Abb. 74) entdeckten wir in der Provence.

Eine lebende, tipiförmige Laube entsteht, wenn man die frischen Weidenstecken in den Erdboden treibt und, anstatt sie oben kuppelförmig miteinander zu verflechten, nur zusammenbindet (Abbildung!) wie die Tipistangen. Siehe dazu «Weiden,» Seite 11.

Abb. 75: Großer «Zirkel» aus zwei mit einer Schnur verbundenen Pflöcken.

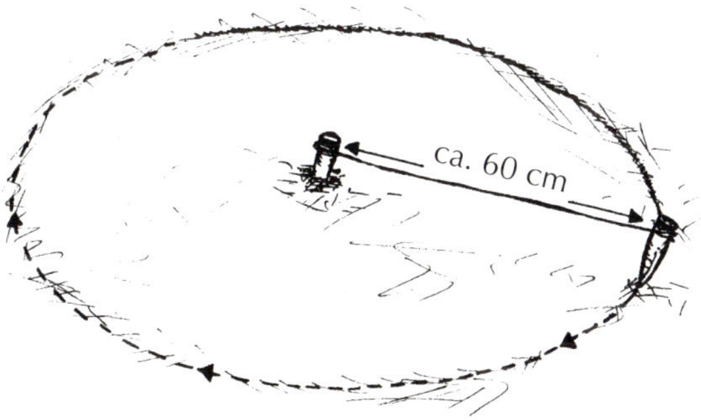

Abb. 76: Tipiförmige «lebende» Laube aus langen Weidenstecken.

Abb. 77: Grassodenhaus mit Strohdach.

Abb. 78:
Dach aus Strohbündeln. Die Bündel an First und Traufe mit langer, stabiler Schnur verbinden.

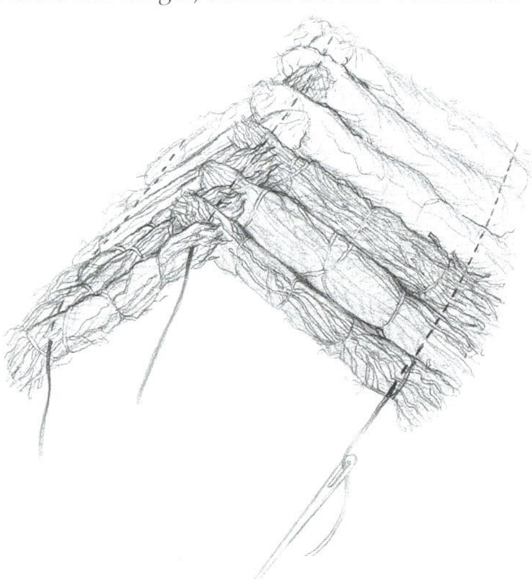

Grassodenhaus mit Strohdach

Kleines Häuschen nur im Freien zu bauen, zum Spielen mit Spielfiguren, siehe Vorschlag!

Wände:
Grassoden von 1 1/2 Spatenbreite ausstechen. Die Soden nicht zu flach ausheben, sonst sind sie zu instabil und fallen beim Aneinandersetzen der vier Wände auseinander. Die Giebel unseres Häuschens bilden kleine Stöckchen, die dicht an dicht in die Stirnseiten der aufgestellten Grassoden gesteckt und oben zusammengeschnürt wurden.
Dach:
Das Dach besteht aus Weizenstroh. Daraus etwa 45 cm lange Bündel mit einem Umfang von 12-13 cm fest mit Bast bewickeln und verschnüren. Sie sollten sich nach oben (zum First) hin etwas verjüngen. Die fertigen Strohbündel, in diesem Beispiel sind es insgesamt 16 Stück, zu der Dachform zusammensetzen (Skizze). Zum Fixieren mit einer langen Web- oder Flechtnadel reißfeste Schnur, z.B. Paketband, durch die sich überkreuzenden Strohbündel am First ziehen. Hier sind sie ja etwas schmaler als unten an der Traufe und schmiegen sich daher gut aneinander. An der Traufe werden die Bündel dann ebenso miteinander verbunden. Nun das Dach auf die Grassodenwände aufsetzen und schon ist das Haus «bezugsfertig»!

Anmerkung:
Das Häuschen ab und zu gießen, damit das Gras gut weiterwachsen kann, schneiden nicht vergessen! Mit etwas Erde die Stellen, an denen die Soden ausgestochen wurden, auffüllen und Grassamen darüber streuen.

Abb. 79:
Umrisse der Kühe (Originalgröße) auf ein Lindenholzbrettchen übertragen und aussägen.

Figuren:
Biegepüppchen aus dem Bastelgeschäft bemalen, mit Wollhaaren versehen und anziehen. Siehe dazu Seite 21, Lappenkleid.
Tiere:
Auf ein 3 cm starkes Lindenholzbrett die Umrisse der gewünschten Tiere zeichnen und aussägen. Die Figuren mit dem Schnitz- oder Taschenmesser nacharbeiten, schmirgeln und wachsen.

Abb. 80:
Grashütte mit abnehmbarem Blätterdach und Gärtchen, gebaut von einem 10-jährigen Mädchen.

Grashütte mit Blätterdach und Gärtchen

Zum Spielen mit Figuren, Einrichten und Bestellen eines Gärtchens, für drinnen und draußen.

Material:
Holzplatte ca. 45x30x1,5 cm; 20 Zweige oder Stöckchen, nicht zu dünn und etwa 22 cm lang; derbe, lange Gräser (Chinaschilf, Gartenbambus etc.). Für das Dach große Blätter, Schilf oder Stroh. Kieselsteine und Gips für die Gartenmauer. Kresse- oder Grassamen.

Auf die Holzplatte einen Kreis von ca. 25 cm Durchmesser zeichnen und darauf 20 Bohrungen in ungefähr gleichen Abständen verteilen. Die Zweige hineinstecken, evtl. mit Spänen oder Streichhölzern stabilisieren. Nun das Ganze mit Schilf sehr dicht beweben. Achtung: Türöffnung aussparen! Das Gewebte wiederholt gut andrücken. Das Dach besteht aus großen, länglichen Blättern, Schilf oder Stroh. Daraus nun ein ca. 26 cm langes, dickes Bündel zusammenfassen und an einem Ende mit Bast zusammenschnüren. Dann alles zu der runden Dachform auseinanderbiegen, siehe Skizze! Das Dach bleibt abnehmbar, wird also – wie ein Hut – nur aufgesetzt. So kann man die Hütte auch von oben bespielen. Ein Stück Leder oder ein Stoffrest bilden den Bodenbelag des Stübchens. Ein großes, festes Blatt könnte die Tür sein. Aus mittelgroßen Kieselsteinen und Gips wird die Gartenmauer gebaut. Dann eine Schicht Lehm oder Ton auf den Gartenboden streichen, Blumenerde darauf verteilen und Kresse oder Gras aussäen. Die Kresse ist schon nach kurzer Zeit erntebereit, vorausgesetzt das

Abb. 81 a: Bündel aus Blättern, Stroh und Schilf.

Abb. 81 b: zur Dachform aufgefächert.

Abb. 82: Im Frühjahr wuchs Kresse im Gärtchen.

Abb. 83: Im Herbst hatte die Hütte ein neues Dach.

Gießen wird nicht vergessen, und reicht für mehrere Butterbrote! Wer lieber einen Rasen möchte, sollte daran denken, daß er, wie eine richtige Wiese auch, regelmäßig geschnitten werden muß. Die Hütte kann selbstverständlich auch ohne Grundplatte, gleich draußen in den Garten gebaut werden.

Die abgebildete Grashütte ist die Arbeit eines 10-jährigen Mädchens. Beim Bohren der Löcher hat ein Erwachsener geholfen. Wie lebendig es das ganze Jahr über um solch ein Hüttchen herum sein kann, verdeutlichen die Fotos. Im Frühjahr war der Garten voller Kresse. Im Herbst hat das Haus ein neues Dach bekommen. Links und rechts vom Eingang wachsen echte kleine Sukkulenten. Die kleine Frau aus Knetwachs trägt einen Eimer und im Garten, vorn rechts, duckt sich ein Hase aus Holz. Im Winter steht das Häuschen z.B. zwischen den Grünpflanzen auf der Fensterbank.

Sonnenblumenhaus

Zum Spielen mit Figuren,
z.B. Puppenspiel nach der folgenden Geschichte.

Der Anblick einer prächtigen Sonnenblume inspirierte zu dem kleinen Sonnenblumenhaus. Nachdem sie verblüht war verwandelte sich die Blütenscheibe in ein praktisches Dach für ein Spielhäuschen. Der Deckel einer Keksdose aus Blech, Durchmesser 19 cm, wurde mit Gipsbrei gefüllt. 58 fertig zugeschnittene Stöckchen von 15 cm Länge lagen schon bereit. Sie wurden dicht an dicht in den noch weichen Gips gesteckt. Damit man bei dieser Arbeit nicht so unter Zeitdruck gerät, sollte man eine Gipssorte verwenden die langsam abbindet. Ein gebogenes Hölzchen, zuletzt waagerecht über dem Eingang angebracht und mit Bast an die seitlichen Stöckchen geschnürt, betont den Türbereich. Als Tür selbst könnte z.B. ein schönes großes Blatt dienen. Das Blatt bleibt geschmeidig und wird nicht brüchig, wenn man es über Nacht in ein Glyzerin/Wassergemisch (1:1) einlegt. Drei Glöckchen, an den Querbalken des Eingangs gehängt, sollen später die Besucher ankündigen. Erst ganz zum Schluß kam die Sonnenblumenscheibe obenauf. Sie muß im Durchmesser etwas größer sein als der Deckel mit dem Gips. Damit sich die zukünftigen Bewohner in dem Häuschen wohlfühlen, wurde der Boden mit getrockneten Rosenblättern dicht bestreut und ausgepolstert. Die Rosenblätter waren den Sommer über gesammelt worden und verströmten noch immer einen feinen Duft.
Endlich fanden die kleine Puppe und ein weißes, gestricktes Kätzchen ein Zuhause. Zuvor hatten sie in verschiedenen Schubladen ein Schattendasein geführt. Wenn man einmal im Kinderzimmer herumsucht, findet man sicher die eine oder

Abb. 84: Eine Sonnenblume inspirierte zum Bau des Häuschens.

Abb. 85: Fertiges Sonnenblumenhaus.

andere Figur, die gut in dem Sonnenblumenhaus wohnen könnte und so zu neuem Leben erwacht. Vielleicht fallen einem dann auch kleine Geschichten ein, die die Kinder zum Spielen anregen könnten. Hier ein Beispiel:

Das Mädchen und der Bär

Es war einmal ein Mädchen, das lebte allein mit einem weißen Kätzchen in einer kleinen, runden Hütte. Dies war aber eine ganz besondere Hütte, denn sie hatte als Dach die Blütenscheibe einer großen Sonnenblume. Im Inneren war sie ganz und gar mit süß duftenden Rosenblättern ausgestreut. Wenn das Mädchen und das Kätzchen hungrig waren, so nahmen sie zwei oder drei von den Sonnenblumenkernen, mehr brauchten sie nicht, denn diese Kerne waren ja viel größer als normale, und bereiteten daraus die herrlichsten Mahlzeiten. Es gab z.B. knusprige Sonnenblumenpfannekuchen oder frisches, warmes Sonnenblumenbrot oder gehackte, geröstete Sonnenblumenkerne mit Ahornsirup und noch vieles mehr. Sooft das Mädchen auch zu der Blütenscheibe hinaufkletterte, um einige Kerne herauszuzupfen, sie wuchsen wie durch ein Wunder immer wieder nach. Und weil der köstliche, verführerische Duft nach all den leckeren Speisen sich in der ganzen Umgebung verbreitete, fanden sich oft hungrige Gäste ein: der Hase mitsamt seiner Familie, eine kleine Spitzmaus, Fuchs, Igel, Rehbock, Eichelhäher und noch viele andere. Alle waren willkommen, alle wurden satt und vertrugen sich hier miteinander. Manchmal war es in der Hütte so eng von all den Gästen, daß das weiße Kätzchen auf das Sonnenblumendach ausweichen mußte.
So lebte das Mädchen mit den Tieren, die es sehr gern hatte, fast wie im Paradies. Doch manchmal war es traurig, denn es sehnte sich nach einem menschlichen Gefährten. Eines Tages, als alle gerade beim Nachtisch, Sonnenblumenpudding mit Waldbeeren, saßen, krachte und knackte es im nahen Gebüsch. Gleich darauf hörte man ein furchterregendes Gebrüll. Die kleine Spitzmaus verkroch sich vor Schreck ins nächste Mauseloch, das weiße Kätzchen flüchtete wieder aufs Dach, und der Eichelhäher, der Wächter des Waldes, ließ seinen wohlbekannten Schrei ertönen. Dem Mädchen klopfte das Herz bis zum Halse als ein großer zottiger Bär auf der Lichtung erschien und geradewegs auf das Sonnenblumenhaus zutrottete. Doch schnell überwand es seine Furcht und bot dem Bären eine Mahlzeit an. Das Tier war offensichtlich ganz ausgehungert, denn man sah, wie sich die Knochen unter dem Fell abzeichneten. Der Bär aß laut schmatzend und mit großem Appetit, so daß das Mädchen noch mehr Sonnenblumenkerne aus dem Dach herauszupfen mußte. Die anderen Tiere beobachteten alles aus sicherer Entfernung. Als der Bär endlich satt war, fielen ihm vor Müdigkeit die Augen zu. Da schichtete das Mädchen in der Mitte der Hütte die Rosenblätter zu einem großen Haufen auf. Der Bär ließ sich schwerfällig und brummend niederplumpsen. Obwohl er ganz abgemagert war, nahm er fast die ganze Hütte ein. Von dem Mädchen aber war nun fast alle Furcht gewichen. Vielmehr hatte es Mitleid mit dem abgemagerten wilden Tier, dem es offensichtlich schlecht ergangen war und das alle mieden. Als es zufällig in seine Augen blickte, war es überrascht, darin soviel Güte, Wärme und Traurigkeit zu sehen.

Nun darf jeder diese Geschichte selbst weiter dichten und sich ausdenken, wie das Mädchen doch noch zu einem menschlichen Gefährten kommen und das Leben in dem Sonnenblumenhaus weitergehen könnte.

Kleiner Pavillon für eine Fee

Zum Spielen mit Spielfiguren (siehe Beispiel) im Freien.

Eine alte Schüssel aus Zink wurde in letzter Minute vor dem Zermalmen in einem Sperrmüllauto gerettet und kam zu neuen Ehren. Zuerst wurde Erde hineingefüllt und festgeklopft. Dünne Weidenzweiglein, beim Bau der großen Weidenlaube, Seite 80 übrig geblieben, bildeten das Gerüst. Sie wurden nach dem Wässern dicht an dicht in das Erdreich gesteckt. Da sie zu kurz waren um oben kuppelförmig miteinander verflochten zu werden, bündelten wir sie kurzerhand und schnürten sie mit Bast zusammen. Stecklinge von winterfestem Efeu und etwas Grassamen sollten den Pavillon einmal mit frischem Grün schmücken. Bevor die kleine Wollfee einzog, legten wir die Hütte mit Moos und Blättern aus. Sie kann das ganze Jahr über z.B. auf einem Balkon stehen.

Abb. 86: Kleiner «Pavillon» für eine Fee in der Zinkschüssel.

Abb. 87 + 88: So entsteht eine «Wollfee».

Wollfee

Material: 40 g pflanzengefärbte, langfaserige Schafwolle (Märchenwolle).

Als Kopf ein festes kleines Knäuel mit einem Umfang von ca. 10 cm wickeln. Dann zwei Lagen hautfarbener Wolle kreuzförmig übereinander legen (knapp 20 g). Die Kugel kommt in die Mitte. Kopf abbinden, Armbereiche vom Körper trennen, Armlänge festlegen und die Armstränge entsprechend zurückschlagen. Zwei kleine, fest gewickelte Kügelchen als Hände in den «Armknick» legen und abbinden. In Rocklänge die Wolle hochklappen und in der Taille alles fest zusammenbinden. Nun wird die Figur «angezogen». Zuerst die Arme mit dünnen, farbigen Wollsträngen dicht umwinden, dann Brust und Rücken mehrmals kreuzweise «bandagieren». Als Rock eine dickere, breitflächige Wollage nicht zu locker um die Puppe wickeln. Zum Schluß Haare annähen und – wenn nötig – die ganze Figur mit kleinen Stichen fixieren.

Südseehütte (Abb. S. 92)

zum Spielen mit Spielfiguren, Einrichten und Ausschmücken, wie das Foto zeigt. Das Haus kann auch kleiner oder größer gebaut werden. Möchte man es im Freien errichten, wird das Gerüst gleich in den Boden gesteckt. Dann ist unsere Hütte allerdings Wind und Wetter ausgesetzt.

Ein wenig «Südseeflair» umgibt dieses luftige Schilfhäuschen. Das Baumaterial Schilf wuchs an einem Gartenteich. Lange harte Grassorten, Gartenbambus o.ä. sind ebenfalls geeignet. Des weiteren benötigt man eine ca. 1,5 cm dicke Holzplatte (sofern man das Häuschen nicht im Freien errichten möchte), einige Stöckchen – hier sind es gekaufte runde Holzstäbchen zum Anbinden von Pflanzen –, und ein paar frische Weidenruten sowie Bast zum Binden des Dachgebälks. Da man sich bei der Verarbeitung an den Halmen empfindlich schneiden kann, sind dünne Fingerhandschuhe oder Gummihandschuhe empfehlenswert.

In die Holzplatte zuerst die Löcher zum Hineinstecken der Hölzchen (Seitenwände) bohren und die Hölzchen auf die gewünschte Länge zurechtschneiden. Bei dem abgebildeten Modell wurden z.B. für die Wände 18 Hölzchen, je ca. 14,5 cm lang, auf einem Grundriß von 25 x 22 cm angebracht. Die Hölzer sollten fest in den Bohrungen sitzen und möglichst nicht wackeln! Nun immer 2-3 Schilfhalme ergreifen und im Webverfahren um die Pfosten schlingen, jede Reihe gut andrücken. Nimmt man neue Halme, so wird deren Anfang einige Zentimeter parallel über das Ende der zuletzt eingewobenen gelegt. Sind die Seitenwände hoch genug bewebt, werden 3-4 Reihen dünner Weidenruten eingelegt. Sie verhindern, daß das Schilf, das ja etwas

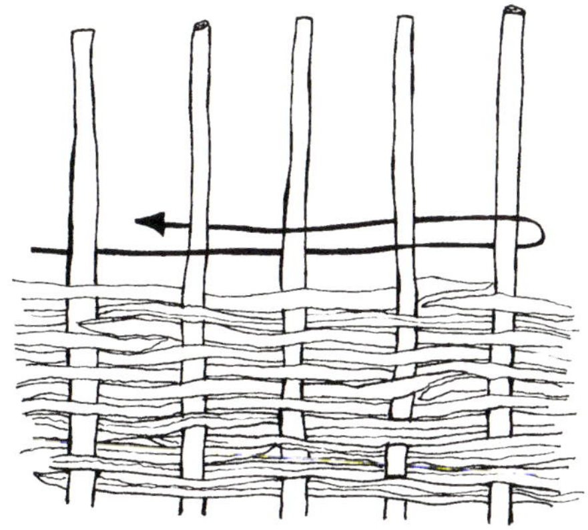

Abb. 89: Beim Herstellen von Gras- und Schilfwänden ergreift man 2-3 Halme und schlingt sie im Webverfahren um die Pfosten. Nimmt man neue Halme, so wird deren Anfang einige Zentimeter parallel über das Ende der zuletzt eingewobenen gelegt.

Abb. 90: Dachkonstruktion.

Abb. 91: Südseehütte. Die Masken aus Knetwachs sollen «ungebetene Besucher» abschrecken.

störrisch ist, hochrutscht und sorgen so für einen haltbaren Abschluß. Dann kommt das Dach an die Reihe. Zunächst an den oberen Kanten aller vier Wände je eine Weidenrute im Webverfahren zwischen die Wandhölzchen drücken (Traufe) und an den Giebelseiten ca. 6 cm überstehen lassen. An diese Weidenruten werden die Dachsparren, ebenfalls Rundstäbchen, 27 cm lang, mit Bast angebunden. Oben, am First, sollen sie sich überkreuzen und werden hier auch zusammengebunden. In die Gabeln zuletzt eine Firststange, hier 37 cm lang, legen und festschnüren. Nun einige dünnere Hölzer (Weide, Haselnuß oder auch andere Stöckchen) als Dachlatten waagerecht an das Gebälk binden, fertig ist die Dachkonstruktion. Auf dem Foto ist das Dach erst zur Hälfte gedeckt, so daß man den Aufbau noch gut erkennen kann. Gedeckt wird das Dach mit Schilfbündeln. Die Bündel, ca. 15 Stück für den ganzen Dachbereich, oben fest zusammenschnüren. Dann zuerst an die Firststange, danach unten, an die zwischen die Wandhölzchen geschobene Weidenrute (Traufe) binden. Am First überkreuzen sich die Bündel. Als Giebel, die jetzt ja noch offen sind, Stöckchen zu einem Dreieck, das in die Giebelaussparung hineinpaßt, binden. Diesen kleinen Rahmen mit Schilf oder Bast beweben und bewickeln, vielleicht auch einige bunte Fäden mit einarbeiten. Die fertigen Dreiecke in die Giebelöffnungen spannen und binden. Eine andere Möglichkeit wäre, die Giebel gleich bei der Rohbaukonstruktion mit einzuplanen, indem die Hölzchen der beiden Giebelseiten entsprechend länger (Dachhöhe) bemessen werden. Eine zum Stil dieses Häuschens passende Tür ist einfach gemacht: Aus vier Stöckchen einen rechteckigen Rahmen binden (wie Giebel). Mit Bast einige Fäden senkrecht hineinspannen und das Ganze beweben als wollte man Socken stopfen. Das Häuschen nach Fantasie ausschmücken. Hier hängen links und rechts vom Eingang «furchterregende» Masken aus Knetwachs. Man kann sie auch aus Ton formen. Über der Tür wurde ein schönes buntes Band angebracht und im Inneren gibt es ein Hängematte (Herstellung siehe «Philippinisches Haus, Seite 48). Die freundlichen Südseeinsulaner begrüßen ihre Gäste mit Blumengirlanden. Wir machen es auch so! Im Sommer aus echten Blumen, im Winter aus Papierblumen.

Abb. 92: In Häuschen verwandelte Holzklötze.

Abb. 93: Ist jemand zu Hause?

Dörfchen aus alten Balken

zum Aufbauen und Spielen
im Freien, wie das Foto zeigt.

Material und Werkzeug:
Holzklötze, etwas Farbe, Stoffreste, Bindfaden, Knetwachs, Bohrer, evtl. Hobel.

Bei der Sanierung eines alten Hauses in der Nachbarschaft wurden einige Balken hinausbefördert, um zu Brennholz verarbeitet zu werden. Als die Motorsäge sie in handliche Stücke zerteilt hatte, sahen manche schon fast wie kleine Spielhäuser aus. Der Besitzer gab uns gern einige Klötze ab und mit etwas Fantasie und wenigen, einfachen «Zutaten» entstand ein lustiges Dörfchen, das zu allerlei Spielen anregte.
Um die Fassaden etwas zu glätten, wurden sie zunächst leicht gehobelt. Das linke Haus aus Nadelholz hatte schon einen Eingang, einst der Verzapfungspunkt des Balkens. Durch etwas weiße Farbe wurde diese Öffnung betont. Ein wenig Stoff als Türvorhang erweckt den Eindruck, als wäre das Häuschen bewohnt. Der Dachbereich bot sich zum Bepflanzen geradezu an. Sedum und Dachwurz eignen sich dazu besonders gut. Auf dem Dach entstand eine Dachterrasse durch Anbringen eines Geländers: Löcher bohren, Stöckchen hineinstecken, Bindfaden darum spannen, fertig!
Das rechte Haus fällt durch die Giebelform und die besonders schöne Holzstruktur auf. Dabei handelt es sich um ein Stück sehr alten Eichenholzes, eigentlich viel zu schade, um im Ofen zu enden! Türen und Fenster wurden aus Knetwachs modelliert und aufgedrückt. Die Fenster sehen aus, als wären sie erleuchtet, wenn man unter Rahmen und Sprossen eine dünne, orangegelbe Knetwachsplatte drückt.

Als Aussichtsplattform oder Kletterfelsen für die kleinen Bewohner diente in diesem Fall das abgestorbene Stammstück eines Sommerflieders. Die Plattform aus einem kleinen Korkrindenstück war schnell angebracht. Das Knüpfen der Strickleiter brauchte schon etwas mehr Zeit (Herstellen einer Strickleiter siehe Miniaturbaumhaus, Seite 98). Das I- Tüpfelchen ist die kleine Fahne aus einem Rest Geschenkband.
Das Dörfchen nun ließe sich beliebig erweitern und variieren und z.B. durch einen Weiher, einen Bach, einen Wald ergänzen. Zur Belebung eignen sich gut Figuren aus Knetwachs, denn sie sind schnell hergestellt und wandelbar. Bei den abgebildeten Figuren sind Kopf und Gliedmaßen mit Hilfe von Zahnstocherenden am Rumpf befestigt.

Tonrollenhaus mit Muscheln

zum «Angucken» an einem schönen Plätzchen in der Wohnung

Dazu braucht man eine nicht zu dünne Holzplatte, in unserem Beispiel mit den Maßen 30x30 cm, guten Ton und einige schöne Muscheln.
Zuerst wird der Grundriß des gewünschten Gebäudes auf die Platte gezeichnet. Möglichst lange, dünne Tonröllchen, bzw. -nudeln auf einer ebenen Arbeitsfläche ausrollen und sorgfältig, dem Grundriß folgend, übereinander legen. Damit sie gut aneinander haften, rauht man jede Rolle, bevor die nächste darauf zu liegen kommt, mit einer nassen Zahnbürste leicht auf. Von innen werden die Reihen mit Schlicker (Brei aus Wasser und Ton) miteinander verstrichen und verbunden. Beim Bauen mit Tonnudeln sind der Fantasie kaum Grenzen gesetzt. Die Häuschen können die ungewöhnlichsten Formen haben. Fenster- und Türöffnungen werden erst ganz zum Schluß, aber

Abb. 94: Wer mag hier wohnen?

Abb. 95: Das Tonrollenhaus hat einen muschelförmigen Grundriß.

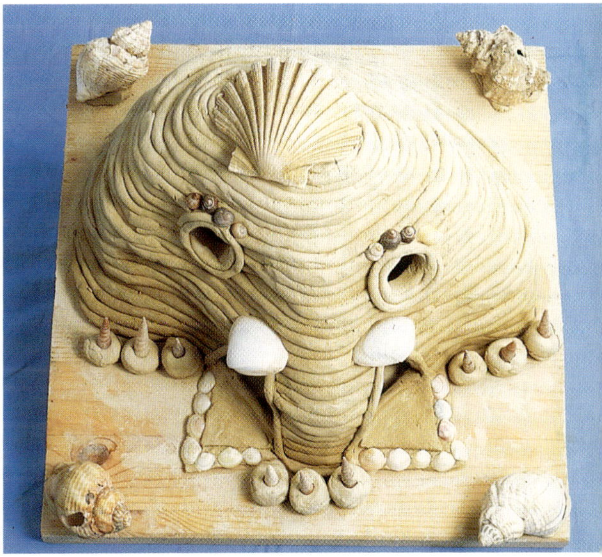

lange das Dach noch nicht geschlossen ist, aus dem lederharten Ton herausgeschnitten. Lustige Fensterformen, z.B. Herzen, Rauten, Tierfiguren etc.. stanzt man mit Plätzchen-Ausstechern heraus. Dabei die Wand mit der flachen Hand innen abstützen.
Das abgebildete Tonhaus wurde auf einem Grundriß in Form einer Muschel errichtet. Das erkennt man noch deutlich, wenn man von oben auf das Haus blickt. Als Schmuck dienen ebenfalls Muscheln. Sie überdachen die dreieckigen Eingänge und verzieren Treppenstufen und Fensterrahmen. Die in weiche Tonklumpen hineingesteckten Turmschnecken im «Vorgarten» und große, alte Wellhornschnecken aus der Nordsee geben dem Ganzen etwas Bizarres. Überhaupt wirkt das Gemäuer ein wenig geheimnisvoll. Man kann es sich gut auf dem Meeresgrunde vorstellen, als Behausung eines wilden Wassermannes mit einem grünen Algenbart!

Leider sind die Tonhäuschen leicht zerbrechlich. Man muß daher sehr vorsichtig mit ihnen umgehen.

Abb. 96:
Muscheldachhäuschen auf einer Lavainsel.

Muscheldachhäuschen

zum Spielen für drinnen und draußen.

Ein Lavastein von der vulkanischen Insel Lanzarote, die Hälfte einer großen Sandklaffmuschel von der Nordseeküste, etwas Knetwachs und ein kleines Stück Kiefernrinde. Was kann man daraus machen?
Eine Möglichkeit zeigt das Foto. Die Muschel wurde zu einem Dach, getragen von zwei Stöckchen, die mit Wachskügelchen am Lavastein befestigt wurden. Oben an den Stöckchen klebten ebenfalls zwei weichgeknetete Wachsklümpchen und darauf war die Muschel gedrückt worden. Dann war noch genug Wachs übrig geblieben, um den kleinen Mann zu formen, der im Schatten des Muscheldaches sitzt. Damit er sich nicht so langweilte, schnitzten wir ihm schnell ein Boot aus Rinde.
Tip:
Jeder andere Stein könnte natürlich auch als Fundament für das Muscheldachhäuschen verwendet werden, es muß ja kein Lavastein von Lanzarote sein! Wer möchte, verwandelt den Stein in eine Insel, setzt den kleinen Mann in sein Rindenschiffchen und läßt ihn in einer Wasserschale oder Pfütze umherschippern.

Schneckenhäuserdorf

z.B. für die Fensterbank (Nicht Südseite, dann schmilzt das Wachs!) oder die Jahreszeitenecke.

Wer zu Hause eine kleine Sammlung Schnekkenhäuser hat, freut sich vielleicht über den folgenden Vorschlag.

Schneckenhäuser sind ja schon richtige kleine «Gebäude». Aus etwas Knetwachs Fensterchen und Türen formen und an den richtigen Stellen auf das Gehäuse drücken, schon haben wir ein zierliches, originelles Häuschen! Geschickte Finger sind dazu allerdings nötig, denn alles muß winzig klein modelliert sein, um nicht plump zu wirken. Die fertigen Häuschen auf eine grüne Knetwachsplatte setzen. Man könnte auch Grassamen oder Weizenkörner in eine flache Schale säen, dann hätten die Häuschen bald eine echte grüne Wiese. Aus Muscheln, kleinen Edelsteinen, Zweigen kann man noch einen kleinen Garten gestalten.

Abb. 97: Schneckenhäuserdorf.

Miniaturbaumhaus

für´s Fensterbrett.

Wer hat nicht schon einmal von einem Baumhaus, hoch oben in den Wipfeln versteckt und nur über eine Strickleiter zu erreichen, geträumt? Leider haben nicht alle die Möglichkeit diesen Traum zu verwirklichen.

Ein Miniaturbaumhaus aber kann auch in einer Zimmerpflanze, wie das Beispiel zeigt, Platz finden. Ein kleines Holzbrettchen als Plattform, einige Zweige, Schnur und Knetwachs, nicht zu vergessen eine geeignete Pflanze, mehr braucht man nicht – und so kann gleich mit dem Bau begonnen werden:

Mit der Laubsäge die kleine Bodenplatte zurechtsägen und einpassen. Dabei muß man sich nach den Gegebenheiten des Bäumchens richten und darf es keineswegs einengen oder beschädigen. In die Bodenplatte einige kleine Löcher bohren. Dort werden Schnüre durchgezogen. Sie dienen dazu, die Platte später an dem Stämmchen zu befestigen. Die Umrisse des fertigen Brettchens auf dünnen Karton übertragen, dann die Platte im «Baum» befestigen. Das Häuschen selbst wird separat am «Boden» fertiggestellt. Dazu aus Knetwachs ein langes Röllchen formen und als Grundriß auf den Karton, der ja ungefähr der Form der in der Pflanze verankerten Platte entspricht, legen. Das ist das Fundament. Die zurechtgeschnittenen Hölzchen, in unserem Beispiel sind es nur 5 cm lange Weidenhölzchen, nun dicht an dicht in die Knetwachsrolle drükken, so entstehen die Wände. Innen, an der obe-

Abb. 98: Das kleine Blockhaus wird auf die bereits im Baum befestigte Plattform geschoben.

ren Wandkante entlang, ebenfalls etwas Knetwachs drücken, das erhöht die Haltbarkeit des Ganzen. Eine weitere Wachsrolle nun oben auf die Palisaden legen. Auf diese «Wurst» werden zum Schluß die Hölzchen für das Dach gelegt und leicht angedrückt. Den überstehenden Karton unten wegschneiden und auf die bereits im Baum befestigte Bodenplatte stellen. Eine Strickleiter, wie die Skizze zeigt, aus Bindfäden knoten, fertig!

Der Zeitaufwand für die abgebildete Hütte betrug 2 1/2 Stunden.

Und spätestens, wenn aus dem kleinen Kamin Rauch aufsteigt, ist «jemand» eingezogen!

Abb. 99: Mini-Baumhaus in einer Zimmerpflanze.

Abb. 100: Herstellung der Strickleiter aus Bindfäden.

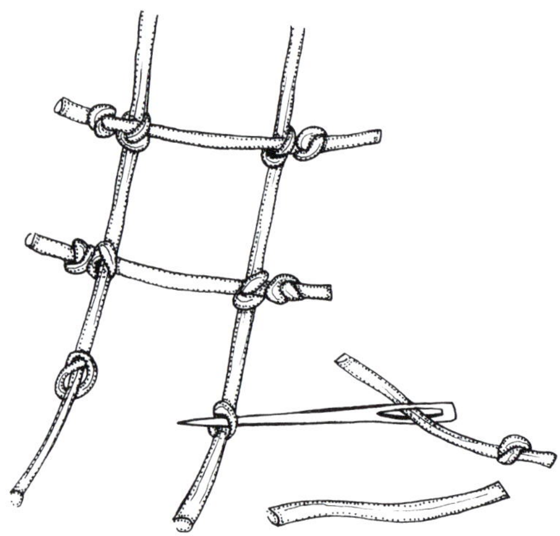

Eis und Schnee

Schnee ist ein wunderbarer, gut formbarer Baustoff und auch ausgesprochen haltbar, allerdings nur solange Frost herrscht.
In einigen nordischen Ländern baut man im Winter ganze Fantasiestädte aus Eis und Schnee, in denen die Leute Sonntags spazierengehen können und die am Abend wunderschön illuminiert werden. Das sogenannte «Eislaternenfest» hat die Stadt Harbin im äußersten Nordosten Chinas bekannt gemacht. Dieses Fest, das alljährlich unzählige Besucher anlockt, findet von Januar bis März statt. Während dieser Zeit zeigt das Thermometer selten weniger als 20° unter Null an.
Dann werden Eisquader aus dem Fluß Songhua herausgesägt und zu monumentalen Eisskulpturen, Labyrinten und Palästen aufgebaut. Farbige Neonröhren beleuchten z.T. von innen die Säulen, Treppen, Mauern, Rundbögen, Türmchen, Kugeln und Brücken. Dann meint man, sich in einer unwirklichen, märchenhaften Welt zu befinden.
Wenn wir Glück haben und uns ein langer weißer Winter beschert wird, gibt es Gelegenheit, folgende Vorschläge einmal in die Tat umzusetzen:

Kleine Schneehütte

Eine ganz einfache Schneehütte können wir auch in kürzeren, nicht so schneereichen Wintern leicht bauen. Zuerst wird ein Schneehügel aufgeschüttet in der Größe, die man sich wünscht bzw. wie es die Schneemenge zuläßt. Diesen Hügel dann gut festklopfen. Danach mit einer kleinen Schaufel den Eingang einstechen und den Hügel innen aushöhlen. Wenn alles gut geglättet ist, können z.B. kleine Eskimofiguren oder sogar ein selbstgenähter Eisbär einziehen. Hält der Winter lange genug an, bauen die Kinder mit ihren Spielkameraden oder Geschwistern vielleicht ein ganzes Schneehüttendorf im Kleinen. Alle Hütten können z.B. durch Wege miteinander verbunden werden. Ein Wall, gemauert aus Schneebällen, umgibt die Siedlung. Eine kleine Mulde wird mit Wasser gefüllt, das natürlich gleich wieder gefriert, und schon haben wir einen

Abb. 101: Den molligen Eisbären hat ein zwölfjähriger Junge im Handarbeitsunterricht genäht. Zuvor hatte er ihn gezeichnet und aus Ton modelliert, danach den Schnitt entwickelt.

vereisten See. Dort treffen sich die Schneedorfbewohner zum Schlittschuhlaufen und Eisangeln. Mit Teelichtern kann man die Schneehütten beleuchten. Das sieht nicht nur schön aus, es bewirkt auch, daß die Innenwände ein wenig anschmelzen. In der folgenden Nacht wird dann alles wieder gefrieren und die Hütten werden noch stabiler.

Abb. 102a:
Eisbär nach Karin Neuschütz, Maßstab 1:1,5.
Den Schnitt z.B. in einem Copyshop vergrößern!

Eisbär (Abb. S. 99)
Material:
Weißen Teddystoff (am besten reine Wolle oder Baumwolle), weiße, ungesponnene Wolle zum Füllen. Evtl. schwarzes Garn zum Aufsticken von Augen und Schnauze.
Musterteile aus dem Buch abpausen und nach Wunsch vergrößern. Die Musterteile werden auf die linke Seite des Stoffes gelegt, nachdem man kontrolliert hat, daß der Pelzflor in die richtige Richtung verläuft: an den Flanken des fertigen Bären nach unten, am Kopf dagegen von der

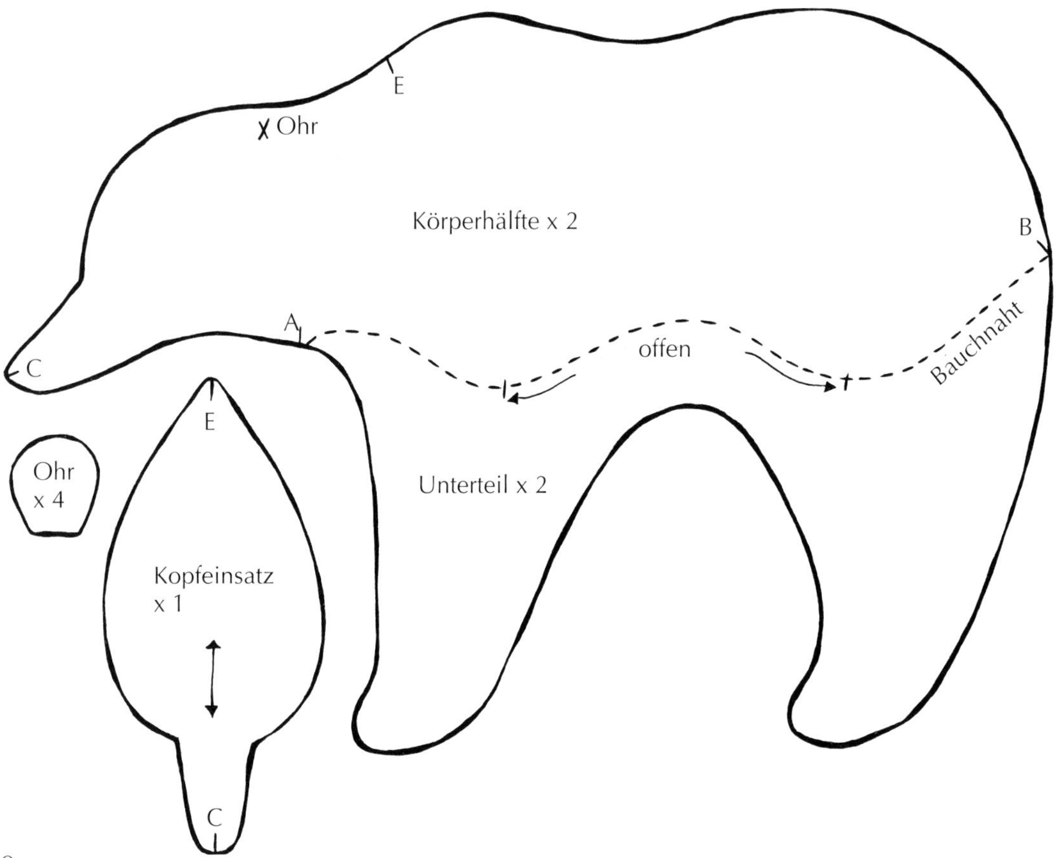

Schnauze zu den Ohren hin und von den Ohren nach hinten zum Nacken. Eine rechts- und eine linksgerichtete Körperhälfte und je ein ebensolches Unterteil werden auf den Stoff übertragen; außerdem der Kopfeinsatz und vier Ohren. Die Punkte mit den Buchstaben auf den Körperhälften einzeichnen. Beim Zuschneiden mindestens 0,5 cm Nahtzugabe berücksichtigen.
Die Körperhälften rechts auf rechts zusammenlegen. Mit Stecknadeln aneinanderheften und unter dem Kopf von A bis C und den ganzen Rücken, E bis B, nähen. Den Kopf so einsetzen, daß C an die Schnauze grenzt und E hinten an den Nacken. Feststecken, dann heften und, wenn es mit der Maschine nicht geht, mit der Hand nähen.
Dann die beiden Unterteile rechts auf rechts aufeinanderlegen und die Bauchnaht A bis B schließen, jedoch das mittlere Drittel der Naht noch zum Wenden offenlassen. Die Beine der einen Körperhälfte werden nun hochgeklappt und das Unterteil so eingepaßt, daß die Beine rechts auf rechts liegen. Zwei Nähte von A bis B an den Beinen der beiden Körperhälften entlang steppen. Vor dem Wenden: alle Nähte kontrollieren und in allen scharfen Krümmungen der Naht die Nahtzugabe einschlitzen. Nachdem man gewendet hat, wird der Bär fest mit Wolle ausgestopft. Besonders sorgfältig müssen die Beine und die Partien unmittelbar darüber gefüllt werden, damit die Beine ihn tragen. Bauchöffnung zunähen. Ohrenteile zwei und zwei rechts auf rechts zusammennähen und dann wenden. Öffnung unten zunähen und Ohren an den gekennzeichneten Punkten anbringen. Nach Wunsch Augen, Schnauze und Klauen mit schwarzem Garn aufsticken. Dabei beachten, daß Bären verhältnismäßig kleine Augen, aber ein stattliches Geruchsorgan haben. Mit ein paar großen schwarzen Stichen auf den Tatzen können die Klauen angedeutet werden, fünf an jeder Tatze.

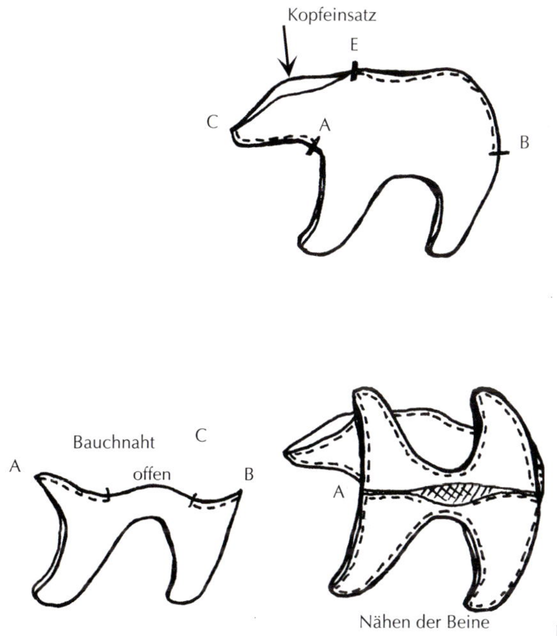

Abb.102 b: Eisbär, Verarbeitung.

Einfache Eskimofiguren aus Holz

Von einer Dachlatte, am besten Fichtenholz, ein Stückchen von ca. 10 cm absägen. Mit einem Bleistift Kopf, Arme, Beine, Rumpf etc. anzeichnen. Die größeren Kerben heraussägen und mit einem scharfen Taschenmesser die Feinheiten herausarbeiten. Danach die Figur mit Sandpapier schmirgeln und bemalen.

Abb. 103: Einfache Eskimofiguren aus einem Stück Dachlatte gesägt und bemalt.
Abb. 104: In schneereichen Wintern kann man einen Iglu nach Art der Inuit bauen.

Iglu

Um einen richtigen Iglu nach Art der Inuit (Eskimos) zu bauen, in den sogar zwei Kinder hineinpassen, ist natürlich viel Schnee nötig. Große, gerollte Bälle, wie man sie für Schneemänner braucht, werden zuerst kreisförmig auf den Boden gelegt. Dann werden immer mehr Schneekugeln aufeinandergetürmt, dem Mittelpunkt zu, so daß eine kuppelförmige Wölbung entsteht. Die letzten Kugeln treffen sich oben und die Hütte ist geschlossen! Sie sollte nicht höher als ca. 1 m werden. Die Fugen dann mit Schnee stopfen und alles gut festklopfen. Mit einem Spaten nun den Eingang ausstechen, hineinkrabbeln und die Wände von innen glätten. Am Abend die Hütte mit Wasser übergießen, dann ist sie am nächsten Tag mit einer haltbaren Eisschicht überzogen. Es ist schon eine schweißtreibende Arbeit einen Iglu zu bauen, und deshalb sollte mindestens ein «Großer» mitarbeiten.

Mehr über die Inuit steht auf Seite 66 geschrieben.

Eisscheibenhäuschen

Gläsern und durchscheinend ist das Eisscheibenhäuschen. Wer es bauen möchte, sollte sich warm anziehen und außerdem sehr geschickt sein. Die Eisscheiben selbst bricht man z.B. aus gefrorenen Pfützen heraus. Man kann sie auch ganz gezielt herstellen, indem man Behälter mit Wasser (möglichst große Oberfläche) solange ins Freie stellt, bis sich eine millimeterdicke Eisschicht gebildet hat. Die Scheiben werden dann an den Stellen, an denen sie sich miteinander verbinden sollen, kurz in Wasser getaucht und zusammengefügt. Dann muß alles noch eine Weile gehalten bzw. abgestützt werden, damit es zusammenfrieren kann. Je nachdem, wie geschickt und geduldig man ist, können so ganz einfache Hütten mit Flachdach oder kompliziertere Häuschen in verschiedenen Größen hergestellt werden. In die geräumigeren stellt man am Abend Teelichter (dann ein Kaminloch aussparen), es glänzt und glitzert wunderbar! Die Häuschen plaziert man möglichst so, daß sie vom Fenster aus zu sehen sind.

Eispalast in einer Ackerfurche

In einer gefrorenen Pfütze (Ackerfurche, Graben) verbirgt sich manchmal eine Wunderwelt. Um sie zu entdecken, wird die Eisdecke am Rande ganz vorsichtig geöffnet. Und wenn man Glück hat und sich flach auf den Bauch legt, sieht man darunter die Halle eines wunderschönen Eispalastes. Da gibt es bizarre gläserne Säulen, spiegelndes Parkett, breite Treppen, Kristallüster und vielleicht sogar den funkelnden Thron der Schneekönigin zu entdecken. Wenn man mit einer Taschenlampe hineinleuchtet, glitzert alles noch viel prächtiger und es entstehen geheimnisvolle, bewegte Schatten. Oft braucht es aber eine Weile, bevor man einen solchen Palast findet.

Eiswürfelgebäude

Wenn es so richtig «Stein und Bein» friert, ist die rechte Zeit für ein Eiswürfelhäuschen. Dazu füllt man am besten mehrere Eiswürfelbehälter, wie sie jeder in seinem Kühlschrank hat, mit Wasser und stellt sie über Nacht ins Freie. Am nächsten Tag haben wir eine Menge guter Eisbausteine für unser Fantasiehäuschen. Man taucht den jeweiligen Eiswürfel kurz in Wasser, bevor er an die anderen angefügt wird und anfriert. Fenster- und Türöffnungen werden beim «Mauern» ausgespart. Aus Eiszapfen entstehen Türmchen und Zinnen, dann haben wir ein Eisschlößchen. Als Dächer dienen z.B. Eisscheiben. Draußen auf der Fensterbank wäre ein schönes Plätzchen für das Eiswürfelhaus. Am Abend kann man es, wie bereits beim «Eisscheibenhaus» beschrieben, illuminieren.

Abb. 105: «Gemäuer» aus Eiswürfeln, Eisscheiben und anderen, z.T. aus gefärbtem Wasser gefrorenen Elementen.

Bunte Eisgemäuer

Wer sich dicke, haltbare Eisgebäude wünscht, füllt z.B. leere Joghurtbecher, kleine Plastikeimer und -schüsseln oder, falls vorhanden, die Einsätze von Konfektschachteln mit Wasser und läßt es im Freien gefrieren. In flachen Blechdeckeln von Creme- oder Gebäckdosen entstehen runde Plattformen (Bodenplatten), Dächer und Zwischendecken. Wer zusätzlich Eiskugelbeutel (Haushaltswarengeschäft) verwendet, hat dann eine Menge verschiedenster Bauelemente zur Verfügung. Besonders lustig werden die Gemäuer, wenn sie sich aus bunten Teilen zusammensetzen. Dazu färbt man das Wasser vor dem Gefrieren mit Wasserfarben. Gearbeitet wird natürlich im Freien, bei frostigem Wetter also warm anziehen! Ein Eimer warmen Wassers sollte immer bereitstehen. Dort werden die Eisteile vor dem Auf- und Aneinandersetzen kurz hineingetaucht, damit die Oberfläche leicht antaut. Schnee, soweit vorhanden, braucht man als Fugendichtung und zum Ausgleichen von Unebenheiten. Zum Schluß kann alles noch übersprüht werden (Pflanzen-Sprühflasche). Das Sprühwasser evtl. in einer anderen Farbe einfärben.

Tip:
Zusätzliche Effekte entstehen, wenn Sternchen aus Goldpapier, Zweige, Schneckenhäuser etc. mit eingefroren werden.

Eiszapfensterne

Wer einen Ort kennt, an dem Eiszapfen «wachsen», kann daraus bizarre Eissterne anfertigen. Die Eiszapfen vorsichtig «ernten». Die Bruchstellen, also das dickere Ende, kurz in Wasser tauchen und mehrere Eiszapfen zu einem Stern zusammenfügen. Das Ganze braucht etwas Zeit, denn die einzelnen Zapfen müssen einer nach dem anderen anfrieren.

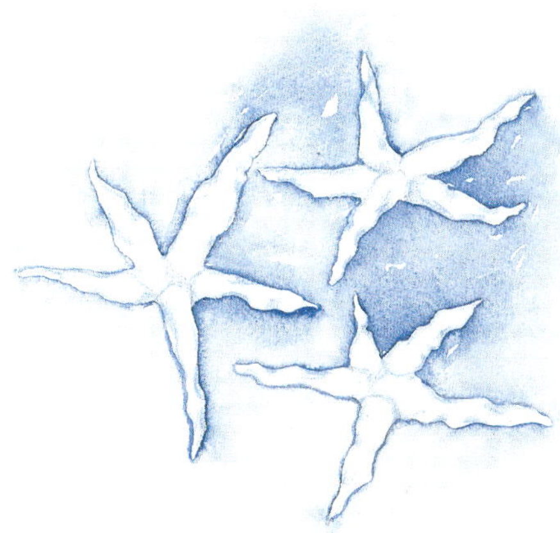

Abb. 106: Bizarre Eiszapfensterne.

6. Zwerge

Besonders Kinder im späten Kindergartenalter und in den ersten Schuljahren sind am «Kleinen Volk», an der Welt der Zwerge interessiert. Es liegt in der Hand einfühlsamer Erwachsener, ihnen diese geheimnisvolle Welt, die Welt der Elementarwesen, behutsam nahe zu bringen. Das, was die Kinder wahrnehmen und erzählen, sollte man ernst nehmen. Wer Kindern zuhören kann, wird oft reich beschenkt.

«Und was liegt all diesen Wesen zugrunde? Was verschaffte ihnen in so reicher Weise Zugang zur Volkspoesie?- Zwerge, Elfen usw. gehören zur Welt der Elementarwesen, die gibt es ja. Früher nahmen Menschen sie wahr, in alten Zeiten, als viele noch mit mehr oder weniger atavistischen Hellseherfähigkeiten begabt waren. In Irland gab es einzelne derartige Menschen bis weit in unser Jahrhundert hinein, das habe ich selbst erfahren,»

erzählt die bekannte Pädagogin und Autorin Erika Dühnfort in einem Interview der Zeitschrift «Vorhang Auf».

In unserer «aufgeklärten» Welt ist kaum Platz für Geisterchen, Gnomen, Kobolde und Feen. Allenfalls begegnen sie uns als Zerrbilder in Zeichentrickfilmen und in Form von Kitschfiguren. Die folgenden Vorschläge für «Zwergenbehausungen» sind Versuche, dieser Verarmung und diesem Verlust ein wenig entgegenzuwirken. Indem wir in unserer unmittelbaren häuslichen Umgebung und in unseren Seelen den Zwergen liebevoll die rechten Nischen schaffen, besteht die Möglichkeit, daß sie wieder heimisch werden bei uns.

Zwergenkobel

fürs Zwergenreich im Haus oder z.B. zwischen die Grünpflanzen gehängt.

Wer sich solch eine Zwergenwohnung wünscht, braucht geschmeidige Wein- oder Clematisranken. Sind sie zu trocken, kann man sie nicht gut formen. Dann sollten sie für 1 bis 2 Tage gewässert werden. Als Grundgerüst werden stabilere Ruten, z.B. von Haselnuß oder Weide verwendet. Sie werden, wie die Skizze zeigt, gebogen und an den Enden und evtl. auch an den Überkreuzungspunkten mit Bast zusammengebunden. Um diese Konstruktion, die sehr stabil sein sollte, anschließend die dünneren Clematis- oder Weinranken wickeln und weben. Darauf achten, daß alles schön rund wird. Ist die Kugel soweit fertig, schauen wir, wo der Eingang sein könnte. An einer Stelle, die vielleicht weniger dicht und schön bewickelt ist, biegen wir das Geflecht noch weiter auseinander. Damit diese «Türöffnung» rund wird und groß genug bleibt, daß ein Zwerg hineinschlüpfen kann, stecken wir dort z.B. einen Tennisball oder eine Flasche mit dem entsprechenden Durchmesser hinein. Das ganze über Nacht in Wasser legen. Den Ball bzw. die Flasche erst nach dem Trocknen entfernen.
Die abgebildete Kugel hat einen Umfang von 61 cm, die Öffnung einen Durchmesser von 8 cm.
In diesem «Kobel» wohnen zwei «Lampionzwerge». Der Name bezieht sich auf ihre leuchtend-orange Mützen aus Lampionblumen. Und so werden sie gemacht:
Im Bastelgeschäft besorge man Biegeplüsch, eine Holzkugel (Kopf), Umfang 8 cm, zwei kleinere Holzperlen für die Hände und ein Paar Holzklompen. Dann braucht man noch etwas ungesponnene, farbige Schafwolle (Märchenwolle).

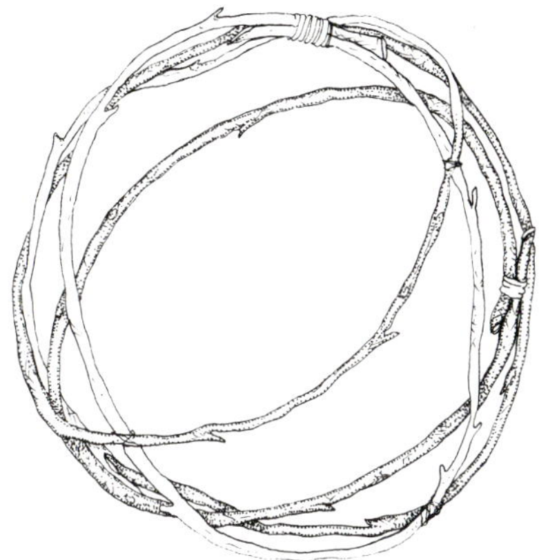

Abb. 107:
Grundgerüst aus Weiden- oder Haselnußzweigen.

Abb. 108: Zwergenkobel, Wohnung für zwei Lampionzwerge.

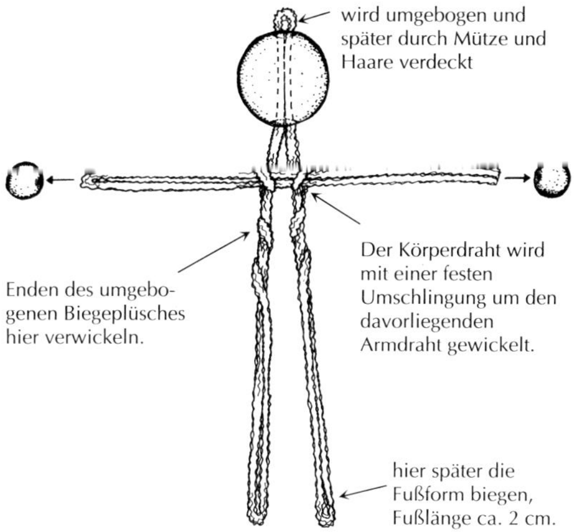

Abb. 109:
Grundform «Lampionzwerg».

Lampionzwerge
Körper und Beine:
1 Stück Biegeplüsch, 50 cm lang
Arme:
1 Stück Biegeplüsch, 28 cm lang
Herstellen der Grundfigur siehe Skizze.
Zuerst den Körper, anschließend Arme und Beine mit ungesponnener Wolle oder dicken Wollfäden dicht bewickeln. Am Rücken ein kleines Polster mit einarbeiten, denn der Zwerg soll einen Buckel bekommen. Im ganzen wirkt der fertige Körper kugelig. Die verhältnismäßig langen Arme und im Gegensatz dazu eher kurzen Beine, ragen daraus hervor. Aus einer kleinen, ungesponnenen Wollmatte entstehen Bart und Haare. Dazu in die Mitte, dort wo das Gesicht des Zwerges herausschauen soll, ein kleines Loch zupfen. Bart und Haare mit wenigen Klebstofftröpfchen am Kopf fixieren und zusätzlich mit ein paar Stichen zusammenheften. Große Füße umbiegen und hochbiegen, in die Klompen je einen großzügigen Klebstoffklecks geben und die Füße hineinstecken. Die Klompen dürfen ruhig ein wenig zu groß sein, dadurch wirkt die Figur noch koboldartiger. Bevor nun die Biegeplüschenden der Arme in die Holzperlen gesteckt werden, gibt man in die Perlenlöcher ebenfalls ein wenig Klebstoff. Die Krönung ist der Lampionhut. In den Lampion mit einer kleinen Schere unten eine runde Öffnung schneiden, die Ränder mit etwas Klebstoff bestreichen, aufsetzen, fertig! An dem ganzen Zwerglein arbeitet man etwa 30 Minuten. Am besten ist solch ein bewohnter Kobel in der Wohnung zwischen den Pflanzen aufgehoben. Dabei kann er von der Decke herabhängen. Wer möchte, befestigt noch ein kleines Tau zum Hochklettern oder eine Strickleiter daran (Knüpfen einer Strickleiter siehe Seite 98).

Tip:
Die schön geformten Lampionblumen (physalis franchetii) leuchten im Herbst aus vielen Gärten. Wenn man den Gartenbesitzer darum bittet, schenkt er einem sicher einige Lampions für Zwergenhütchen. Bei dieser Pflanze handelt es sich um eine dauerhafte Staude, die durch Wurzelteilung vermehrt wird und, einmal gepflanzt, uns jahrelang erfreut.

Zwergenwurzeln

zum Aufbauen von großen Zwergenreichen im Garten und im Haus.

Zwerge fühlen sich in Baumwurzelbehausungen natürlich besonders wohl!
Auf Waldspaziergängen sollte man die Augen offen halten. Dort, wo im Zuge der Waldpflege Bäume gerodet werden, liegen oftmals Berge herausgerissener Baumwurzeln herum. An Baustellen findet man manchmal Wurzeln von Bäumen, die einem Neubau weichen mußten. Manche Gemeinden verfügen etwas außerhalb der Ortschaften über «Schredderplätze». Dorthin bringen die Gartenbesitzer ihr Schnittgut. Häufig sind darunter Baumwurzeln und Wurzeln von Ziergehölzen. Solange noch Erde daran haftet sieht man kaum, wieviel Schönheit sich darunter verbirgt, und wer weiß schon, welche Geisterchen wir vielleicht «befreien», wenn wir uns liebevoll mit der Wurzel beschäftigen? Oftmals sind die Wurzeln durch die feuchte Erde so schwer, daß man sie nur zu zweit anheben kann und zum Transport einen Handwagen braucht. Zu Hause angekommen, wird das gute Stück sorgfältig von Erde und Sand befreit. Diese Arbeit kann einen vollen Tag in Anspruch nehmen und die ganze Familie beschäftigen. Als Handwerkszeug benutzt man z.B. schmale Spachtel, Schraubenzieher und Taschenmesser. Dabei sollte man behutsam vorgehen und das Holz möglichst nicht verletzen. Nach und nach offenbart dann die Wurzel ihre Geheimnisse: Putzige, knorzige Gesichtchen kommen plötzlich zum Vorschein, gewundene Pfade die in dunkle geheime Verstecke führen und aus denen kleine Augenpaare neugierig und verwundert herauszuschauen scheinen. Dreht man die Wurzel ein wenig, zeigt sich gleich ein anderes Bild. Dann

Abb. 110: Wurzel als Zwergenwohnung.

hat sie sich vielleicht auf einmal in einen uralten, grimmigen Baumgeist mit wirrem Haarschopf vewandelt.
Wenn dann der größte Teil der Erde herausgearbeitet und – gestochert wurde, wird die Wurzel im Freien abgespült. Dabei kann man sie noch mit einer Bürste bearbeiten. Nach dem Trocknen entscheidet man dann, inwieweit sie noch weiter bearbeitet werden sollte. Manche Wurzeln sind nach dem Reinigen eigentlich schon fertig und für unseren Zwerg «bezugsbereit». Andere könnten durch Schnitzen noch ausgearbeitet werden. Das muß man von Fall zu Fall entscheiden, denn keine Wurzel gleicht der anderen. In unserem Beispiel wurde ein Sonnendach angebracht. Es kann aus großen Blättern, Stoff oder Leder bestehen. Wie wäre es mit einem Pilzgärtlein aus Knetwachs oder Ton? Sicher gibt es an der Wurzel eine Stelle, die sich als Schlafplatz

eignet. Dort legen die Kinder etwas Moos oder Wolle hin. Eine Schaukel für die Übermütigen unter den Zwergen oder eine Hängematte (siehe «Südseehütte, Seite 54) sind schnell hergestellt. Winzige Becher, gefüllt mit Kräutertee und ein Körbchen Walderdbeeren, alles schön auf einem Birkenholztischchen angeordnet, locken selbst den scheuesten Zwerg hervor! Um solch eine Wurzel herum wird es immer lebendig und nie langweilig sein, denn hier darf sich ja die Fantasie frei entfalten. Dort, wo sich die Familie am häufigsten aufhält, wäre ein guter Platz für die Zwergenwurzel.

Zwergenhöhle in einem Achat

Aus vielen großen und kleinen Halbedelsteinen kann man ein wunderschönes, glitzerndes Zwergenreich bauen. Vielleicht ist auch ein Achat mit einem Hohlraum dabei? Dann hätten wir nämlich gleich eine herrliche, fertige Zwergenhöhle. Es findet sich kein Zwerg im Haus, der da hineinpassen würde? Das muß nicht lange so bleiben! Mit geschickten Fingern formen wir aus Knetwachs ein putziges, buckliges Männlein mit einer langen Zipfelmütze. Das hockt sich gleich in die schöne Höhle hinein und bewacht ab sofort den Schatz!

Abb. 111: Zwergenhöhle in einem Achat; dort gefällt es dem kleinen «Schatzwächter» aus Knetwachs.

Kokosnußhäuschen

für die kleine Zwergenecke, z.B. im Kinderzimmer.

Eine schöne große Kokosnuß halbieren und das Mark herauslösen. Die Rundbogentür, ca. 4 cm hoch, anzeichnen und mit der Laubsäge heraussägen. Das Schwierige daran ist, den Bogen gleichmäßig herauszuarbeiten. Evtl. muß man mit einer Feile etwas nachbessern. Dann die Tür wie auch den «Rahmen» mit je zwei kleinen Bohrlöchern versehen. Dort werden Schnüre oder dünner Messingdraht zur Befestigung der Tür am Häuschen durchgezogen. Vorher jedoch ein kleines Loch in die Tür, dort wo die Türklinke sein soll, bohren. Ein kleines Stück von einem Rundhölzchen als Türgriff hineinleimen. Die andere Hälfte der Kokosnuß dient als Dach. Es wird etwas schräg nach hinten angeleimt, dann sieht das Häuschen lustiger aus.
Den Zwerg nach eigenen Vorstellungen gestalten. Er sollte aber in seiner Art zu dem Kokosnußhäuschen passen. Man könnte ihn z.B. aus Filz nähen, aus Holz schnitzen oder, wie in unserem Beispiel, aus Knetwachs modellieren. Mit etwas Knetwachs wird er an der Tür befestigt. Öffnet man sie, tritt der Zwerg sogleich hinaus.

Wer ein Kind mit diesem Häuschen erfreuen möchte, denkt sich am besten gleich noch eine kleine, passende Geschichte oder ein lustiges Gedicht dazu aus, das möchte das Kind dann wieder und wieder hören. Hier eine kleine Anregung:

Abb. 112: Ein Kokosnußzwerg lugt aus seinem Haus.

Der Kokoszwerg

Auf dem Schrank, im hintersten Eck,
hab´ich ein Kokosnußhäuschen entdeckt.

Was mag wohl darinnen sein?
Es ist bestimmt ganz klitzeklein!

Da öffnet sich die Kokosnuß,
Ich seh´den winzig kleinen Fuß
Und jetzt das braune Röcklein
Und auf dem Kopf ein Käpplein.

Der kleine Mann guckt links,
Schaut rechts,
Dann geradewegs zu mir
Aus seiner Kokostür.

Er winkt mir zu und lacht und spricht:
«Ich wohn hier erst seit gestern.
Das Kokoshäuschen rund und fest
Ist mal ein feines Zwergennest
Für mich und meine Schwestern!»

Abb. 113:
Schablonen aus Karton ausschneiden und mit der Wolle bewickeln.

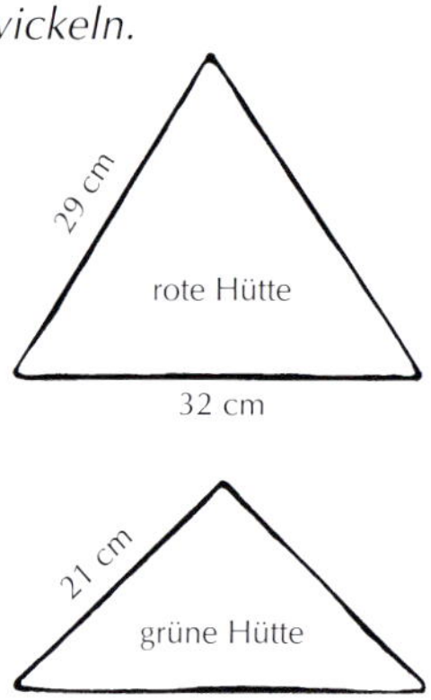

Zwergenzelte aus Handfilz

für die Zwergenecke in der Wohnung. Bei schönem Wetter kann man die Zelte auch ins Freie hinaus tragen und darum herum ein schönes Reich aus Moos und Steinen bauen. Verschiedene Tiere, vielleicht aus Knetwachs selbst gestaltet, könnten das Ganze noch beleben.

Material: 50 g ungesponnene, gleichmäßig kardierte (gekämmte, gekratzte) Wolle (Märchenwolle) pro Zelt. Eine Schablone aus Karton – möglichst keine weiche Wellpappe – nach den Maßen der Skizze ausschneiden. Kernseife, heißes Wasser, Weidenrute ca. 70 cm - 80 cm lang.

Die Wolle in mehreren dünnen, breitflächig ausgezogenen Lagen gleichmäßig um die Schablone wickeln. Dann in die Mitte dieses Päckchens einen See von ca. 40° warmem Wasser gießen. Von der Seife Späne abschaben und darüber streuen. Nun mit sanften, kreisenden Bewegungen die eingeseiften Hände über die nasse Fläche gleiten lassen. Das ganze Paket muß nach einiger Zeit vollständig durchnäßt und eingeseift sein. Darauf achten, daß die Wollmasse nicht wie ein «Pfannekuchen» über den Rand der Pappform hinausrutscht. Daher immer wieder mit der Handkante rund um die Form fahren und die Wolle zurückdrängen. Überschüssiges, abgekühltes Wasser von Zeit zu Zeit abdrücken und durch neues, heißes wieder ersetzen. Spürt man, wie sich die Wolle langsam unter den Händen verdichtet, also filzt, muß kräftiger gerieben und gedrückt werden. Das Stück von beiden Seiten gleichmäßig bearbeiten. Nach etwa 30 bis 40 Minuten wird unten aufgeschnitten, die aufgeweichte Schablone entfernt und das Ganze umgekrempelt. Nun die Innenseiten ebenso bearbeiten. Eine Schablone ist nicht mehr nötig! Auf eine schöne Spitze achten! Nach weiteren 20-30 Minuten den Rohling über einem Wasch-

Abb.114: Zwergenzelte aus handgefilzter Wolle. Hier sieht man die Lampionzwerge noch einmal deutlich.

brett oder der geriffelten Ablaufplatte der Spüle rubbeln (walken), dabei nicht mit heißem Wasser und Seife sparen. Von allen Seiten gleichmäßig walken. Anschließend den Eingangsschlitz ein- und das Sprossenfenster ausschneiden. Die Schnitte noch einmal nachfilzen, damit sie nicht so scharfkantig aussehen. Zum Schluß das Zelt gründlich mit klarem kaltem Wasser ausspülen und in der Waschmaschine ausschleudern. Die Weidenrute zu einem Kreis formen und unten, von innen an das noch feuchte Zelt nähen. Den Eingang wie Flügel aufbiegen. Das Häuschen in Form klopfen und streichen und stehend trocknen lassen.

Anmerkung.: Im Zweifelsfalle lieber etwas länger filzen und unbedingt die angegebene Wollmenge, eher mehr, verarbeiten. Ist das ganze Stück nämlich zu weich und zu dünn, steht es später nicht gut und das Fensterkreuz zerfasert.

Beim Ausschneiden des Fensters schauen, daß man nicht gerade die dünnste Stelle erwischt. Falls irgendwo ein Loch entstanden ist, filzt man aus der gleichen Wolle einen kleinen Flicken und setzt ihn von innen mit kleinen Stichen auf. Diese Stelle dann noch einmal nacharbeiten. Die Arbeitszeit beträgt im ganzen ca. 2 Stunden. Wer zum ersten Mal filzt, beginnt lieber mit einem kleinen Probezelt. Das könnte dann übrigens eine Zwergenmütze werden.

Den Lampionzwergen aus dem «Zwergenkobel» von Seite 107 gefällt das Filzzelt anscheinend sehr gut. Vielleicht wollen sie es als Winterquartier benutzen.

Die Zwergenbettchen im Inneren der Hütten werden aus Moos und kleinen Federn gebaut.

Zu den Filzzelten gehören die *Schnecken* als «Haustiere» dazu. Die Körper aus Knetwachs formen, Schneckenhäuser, diese sind mit Goldfarbe angemalt, daraufdrücken!

Abb. 115: Zwergenhütten aus Herbstblättern können schon die Kleinsten zusammenstecken.

Blätterhütten

zum Spielen für drinnen und draußen.

Aus bunten Herbstblättern, Ahorn, Haselnuß, Buche etc. können schon die Kleinsten schöne Zwergenhütten zusammenstecken. Pro Hütte nimmt man immer 2-4 ungefähr gleich große Blätter. Die Anzahl richtet sich nach der Blattform. Wir haben sie mit Zahnstochern zusammengesteckt und die Spitzen der Zahnstocher danach abgezwackt. Ein großes Sonnenblumenblatt dient als Bodenbelag auf dem sich Zwerglein, Maus und Eichhörnchen tummeln.

Tip:
Die Blätter bleiben länger ansehnlich und zerbröseln nicht, wenn man sie 2 Tage in ein Glyzerin-/Wasserbad im Verhältnis 1:1 einlegt.

7. Anhang:

Spielfiguren aus Holz gibt es von «Ostheimer» und von «Sievers-Hahn».

Knetwachs gibt es von «Stockmar».

Beides ist in gut sortierten Spielwarenläden erhältlich.

Bezugsquelle für ungesponnene Wolle zum Filzen:

Friedrich Traub KG
Postfach 1366
Schorndorfer Str. 18
73181 Winterbach
Telefon 07181 - 70910
Telefax 07181 - 709111

Literaturempfehlungen zu einer «Reise um die Welt»:

Edith Klatt: «Neitah». Die Geschichte eines Lappenmädchens. Verlag Freies Geistesleben, Stuttgart.

Frederik Hetmann: «Mondhaus und Sonnenschloß», Mythen und Märchen der nordamerikanischen Indianer. Verlag Freies Geistesleben, Stuttgart.

Hilary Ruben: «Kimathi und der Berg». Geschichte eines afrikanischen Jungen. Verlag Freies Geistesleben, Stuttgart.

Zacharias Topelius: «Kleiner Lappe Sampo», ein Lappenmärchen. Verlag Freies Geistesleben, Stuttgart.

Angelika Wolk-Gerche

Filzen für groß und klein

Schönes und Nützliches aus Wolle

96 Seiten, mit zahlreichen farbigen Abbildungen, gebunden

Das Filzen wird ohne technische Hilfsmittel seit über 3000 Jahren ausgeübt, und heute fasziniert es zunehmend mehr Menschen.
Angelika Wolk-Gerche gibt in ihrem Buch eine Einführung in diese Kulturtechnik und zeigt auf anschauliche Weise anhand vieler praktischer Anleitungen, was aus dem Werkstoff Wolle an schönen Dingen gestaltet werden kann. Die Einfachheit der Technik erlaubt es, daß hier auch mit Kindern gearbeitet werden kann.

Fordern Sie unser Gesamtverzeichnis an:
Postfach 13 11 22 · 70069 Stuttgart

Verlag Freies Geistesleben

Angelika Wolk-Gerche

Märchenwolle

Ideen und Anleitungen zum Verarbeiten und Gestalten

79 Seiten, mit zahlreichen farbigen Abbildungen, gebunden

Pflanzengefärbte Wolle übt durch ihre zarten Farben und die Durchlässigkeit des Materials eine seltene Faszination aus. Daher entstand der Name Märchenwolle. Sie ist ein so vielseitiges und phantasieanregendes Material, daß die Möglichkeiten der Gestaltung nahezu unerschöpflich sind.

Angelika Wolk-Gerche gibt in diesem Buch neue Anregungen, was man aus Märchenwolle zusammen mit Kindern alles gestalten kann. Dabei wird auch gezeigt, wie man Märchenwolle selber anfertigen und färben kann.

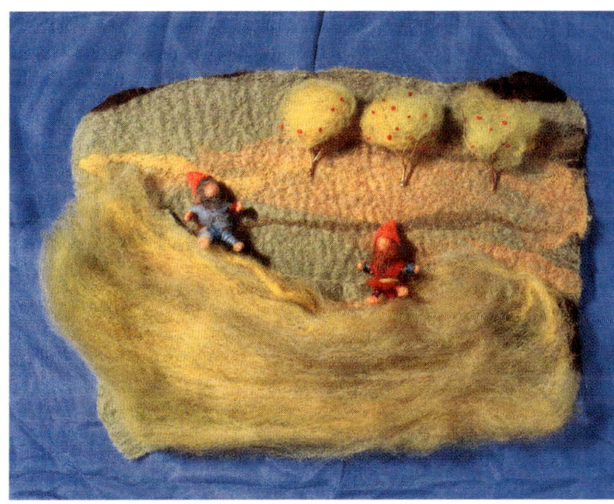

Fordern Sie unser Gesamtverzeichnis an:
Postfach 13 11 22 · 70069 Stuttgart

Verlag Freies Geistesleben

Christiane Kutik

Das Puppenspielbuch

Praktische Anleitungen und Geschichten

109 Seiten, mit 42 farbigen und 39 schwarzweißen Abbildungen, gebunden

Christiane Kutiks neues Buch gibt anhand zahlreicher farbiger Abbildungen Anregungen für das Puppenspiel mit kleinen Kindern.
Die Kinder lernen durch das Spiel mit den sogenannten Stehpuppen das selbstständige kreative Spiel kennen, denn auch Spielen will gelernt sein. Überdies enthält das Buch zahlreiche neue Märchen und Geschichten, die für das Puppenspiel geeignet sind.

«Anhand zahlreicher farbiger Abbildungen wird vorgeführt, wie man mit ganz einfachen Mitteln aus farbiger Wolle zum Beispiel oder mit gefärbten Spieltüchern Puppen gestaltet.
Wenig ist oft mehr. Die Aufmerksamkeit von Kindern läßt sich gerade in dem Alter von ganz einfachen Dingen fesseln. Und oft muß man ganz einfach improvisieren. Deshalb geht das Buch von Stehgreifsituationen aus, die ohne großen Aufwand gestaltet werden können.»

Westdeutsche Allgemeine Zeitung

Fordern Sie unser Gesamtverzeichnis an:
Postfach 13 11 22 · 70069 Stuttgart

Verlag Freies Geistesleben

Petra Berger

Basteln mit Filz

Anleitungen zum Herstellen von Puppen, Spielzeug und kleinen Geschenken

80 Seiten, mit zahlreichen farbigen Abbildungen, gebunden

Aus farbigem Wollfilz lassen sich mit einfachen Mitteln und für jeden leicht ausführbar herrliche Dinge herstellen, zum Spielen für Kinder oder auch als kleines Geschenk.
Das vorliegende Buch bietet zahlreiche, durch farbige Fotos illustrierte Anleitungen zur Herstellung von Spielsachen für Kinder: von kleinen Fingerpüppchen über Stehpuppen, Bälle aus Filz, Ketten bis hin zu farbigen Wandbehängen.

Fordern Sie unser Gesamtverzeichnis an:
Postfach 13 11 22 · 70069 Stuttgart

Verlag Freies Geistesleben

DE WULLSTUUV

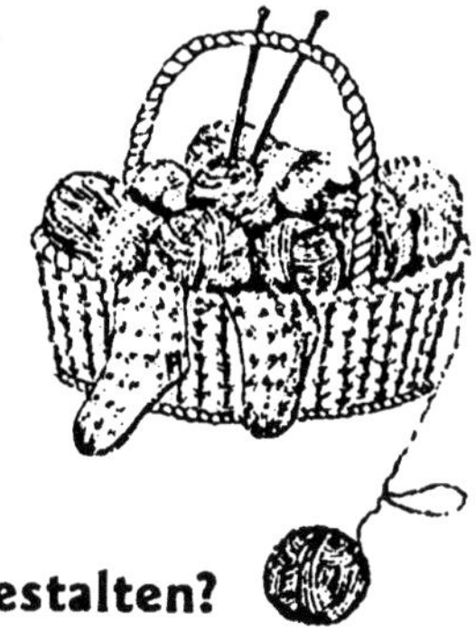

Naturwarenhandel und -versand, Musikinstrumente, Mineralien
*Gärtnerstraße 1 * 24241 Blumenthal * Inhaberin: Renate Reiß*
*Telefon: 04347/71844 *Telefax: 04347/71845*
E-Mail: DEWULLSTUUV.Naturwaren@t-online.de

Suchen Sie gute Materialien zum kreativen Basteln und Gestalten?

Bei uns finden Sie:
Märchenwolle, Rohwolle und alles zum Pflanzenfärben
Knetbienenwachs von Stockmar und Artemis,
Bastelfilz (auch aus Schurwolle, auch pflanzengefärbt),
Ostheimer, Rohpüppchen,
Aquarellfarben und Stifte(auch als Pflanzenfarben),
Bastelpapiere, Pinsel,

Baumwolltücher (ca. 110x110cm) in über 80 Farben, zum Spielen, Dekorieren oder für den Hals,
Bautücher in 3 verschiedenen Größen und Stoffqualitäten,
Seidenmeterware - natur, farbig und pflanzengefärbt -,
Westfalenstoffe, Molton aus kbA-Baumwolle
Puppentrikots, Plüschstoffe zum Teddy- und Tierebasteln
und „tausend" andere Sachen

Norddeutschland ist ganz weit weg?
Kein Problem:
Fordern Sie einfach unseren kostenlosen Versandkatalog an!